학교는
망했습니다

무의미한 법적 분쟁으로 얼룩진

학교는
망했습니다

박상수 지음

맑은샘

더 이상 죽음을 결심하지 말아 주십시오!

안녕하십니까.

저는 대전 초등학교에서 순직하신 선생님의 변호인이자 아동복지법 제17조 제5호 정서적 학대 조항에 대한 헌법소원 법률대리인인 박상수 변호사입니다.

지난 7월 한 교원단체의 자문 변호사가 된 저는 교원단체 측에 현재 학교 문제의 시작은 2012년에 도입된 아동복지법 제17조 제5호 정서적 학대 조항과 학교폭력예방법상 학폭위 의무 개최 요구 조항 그리고 학폭 처분의 생기부 기재 의무 조항 때문임을 이야기하며, 이들 문제가 해결되지 않으면 현재의 사태는 점점 더 증폭되어 갈 뿐일 것이라고 줄곧 말씀드렸습니다.

이에 아동복지법 제17조 제5호 정서적 학대 조항에 대한 헌법소원의 필요성을 피력하며, 헌법소원 청구를 위한 청구인이 계시다면 모셔달라 요청드렸습니다. 헌법소원을 하기 위해서는 헌법재판소로부터 기본권 침해의 직접성과 현재성을 인정받아야 합니다. 이를 위해서는 아동복지법 제17조 제5호 정서적 학대 조항으로 기소를 당하고 현재 재판을 받으시는 분이 나서주시는 것이 가장 좋으나 그럴 경우 현재 재판을 받고 있는 법원에 위헌법률심판제청을 반드시 선행해야만 합니다. 그러나 이러한 위헌법률심판제청은 재판부에 좋은 인상을 주지 못할 여지가 있어 이러한 청구인을 모시는 것이 불가능했습니다. 이에 경찰로부터 해당 조항으로 수사를 받고, 검찰로 기소의견 송치된 선생님을 청구인으로 모셨습니다.

　아직 기소가 되지는 않으셨지만, 여기 계신 선생님들도 모두 아시다시피 아동복지법 제17조 제5호 정서적 학대 조항으로 수사만 받고 또 기소의견 송치만 되어도 선생님들은 직위해제 등의 기본권 침해를 받아오셨습니다. 그래도 헌법재판소가 소극적으로 판단할까봐 전국에서 기소의견 송치나 수사를 받고 무혐의를 받은 적 있는 사례를 모집해달라 요청하였습니다. 청구기간이 얼마 남지 않았던 사건이었던지라 고작 일주일여의 공모 기간을 가졌으나 전국에서 50여 건의 사례가 공모되었습니다. 저는 그 사건 사례를 모두 읽었습니다. 정말 하나하나 모두 읽어 그중 가장 황당하고 억울한 사연 8가지를 헌법재판청구서에 실었습니다. 일목요연하게 사건을 정리하여 기소가 되지 않아도 아동복지법 제17조 제5호 정서적 학대 조항 위반으로 선생님들이 수사만 받아도. 기소의견 송치만 되어도. 얼마나 선생님들이 기본권의 침해를 입고 있는지 표로 정리하고, 글로 한 번 더 썼습니다.

대전의 선생님은 전국 50여 건의 사례 중 제가 선별한 8개 사연 중 다섯 번째 사연이었습니다. 제가 법률가의 눈으로 보기에 다섯 번째로 억울한 사연이었습니다. 헌법재판소는 그러나 이러한 선생님들의 피맺힌 외침을 각하로 외면하였습니다. 기소되기 전엔 잠재적 기본권 침해를 인정할 순 있어도 기본권 침해의 직접성과 현재성이 없다고 판단하였습니다.

포기할 수는 없어 기소되신 선생님들을 직접 찾아가 설득도 드리며 다시 청구인을 모시려 했습니다. 정말 백방으로 수소문하는 중에 대전 선생님의 소식을 전화로 전해 들었습니다.

그날의 아침을 기억합니다. 소식을 전해주시는 선생님의 가라앉은 목소리와 참담했던 기분을 기억합니다. 참을 수가 없는 분노와 고통이 몰려왔습니다. 지속적인 공익활동을 해보자며 가벼운 마음으로 시작한 학교폭력 피해자에 대한 법률지원 활동을 시작

할 때 이렇게 많은 죽음을 목도하게 될지는 몰랐습니다. 처음에는
학교폭력 피해자들이었습니다. 그다음은 그 부모님들이었습니다.
이제는 선생님들입니다.

　학교가 사람을 가르치고 키우는 곳이 아니라 죽음의 장이 되어
버린 지 벌써 10년이 되어갑니다. 단 10년 만에 학교가 이렇게 변
했는데 국가는 또 국민은 그저 둔감하기만 했습니다. 다들 자신들
이 학교에 다니던 시절만을 생각하며 여전히 선생님들에게 '참아
라' '가해학생들의 교화가 중요하다', 피해학생들에게 '용서해라'
'화해해라', '가해학생도 인권이 있다' '아동의 인권이 무엇보다 소
중하다' '아동에게 말하는 모든 것이 학대다'라고 떠들어댔습니다.
그것은 마치 공리와 같았고 자연법과 같았으며 이를 의심하고 반
박하면 잠재적 아동학대범으로 내몰려야 했습니다.
　우리의 외침은 그저 공중에 흩어졌고 사람들은 하나둘 죽어갔
습니다. 제가 학교 문제에 뛰어든 7년여의 시간 동안 얼마나 많
은 죽음과 마주해야 했는지 아십니까? 처음에는 울었고 그다음에
는 분노했고 마지막에는 죽음을 알리는 소식에 익숙해지는 저의
모습이 소름 끼치도록 싫었습니다. 서이초 사건이 일어나기 한 달
전 학교폭력피해자가족협의회의 지원을 받던 피해자 어머니 두
분이 돌아가신 소식을 학교폭력피해자가족협의회 회장님으로부터

듣기도 했습니다.

우리 선생님들을 도대체 누가 죽이고 있는 것일까요? 무관심하고 게으르기 짝이 없는 저 정치인들과 잘난 이상론적 소리만 떠드는 학자들 전문가들과 학교를 그저 돈벌이 수단으로만 보는 법조인들과 선정적으로 보도할 사례만 찾아다니던 언론들과 그리고 이 모든 문제에 침묵하던 국민들에게 그 책임이 모두 있다 생각합니다.

학교는 망했습니다. 철저히 망했습니다. 도대체 어디서부터 손을 대야 할지 모르겠습니다. 고작 교권보호 4법 정도 통과시키고 이 정도면 됐을 것이란 생각을 하는 것부터 절망적입니다. 이 모든 문제는 학교의 문제를 법적 문제로 치환하면서 아무런 고민을 하지 않았음에서 시작했습니다. 가장 문제가 되는 악법은 선생님들의 훈육과 지도행위를 원천봉쇄하는 아동복지법 제17조 제5호 정서적 학대 조항입니다. 헌법소원을 제기할 새로운 청구인을 만나지 못한다면 우리는 이 법을 입법으로 개선할 수밖에 없습니다.

선명하게 요구합시다. 아동복지법 제17조 제5호는 개정되어야 합니다. 구성요건에 정서적 학대의 내용이 뭔지를 구체적으로 적시하거나 본 죄를 목적범으로 바꾸어 아동을 학대할 목적이 없는 훈육행위나 생활지도행위는 처벌 대상에서 제외되도록 하여야 합니다. 정서적 학대 조항을 폐지한다 해도 형법상 목적범과 유사한 경향범 취급을 받는 학대죄가 남아있기에 사실 처벌의 공백이 크지도 않습니다. 따라서 이것을 이제 요구해야 합니다.

정서적 학대 조항이 개정되거나 폐지되어도 아동에 대한 신체적 학대를 비롯한 다양하고 구체적인 학대행위에 대한 처벌 조항은 여전히 남아있고, 이를 통해 대부분의 아동학대는 방지될 수 있습니다.

아동복지법을 개정하고 나면 그다음에는 학교폭력 제도를 개선해야 합니다. 다행히 이번에 윤석열 대통령께서 선생님들을 만난 자리에 학교폭력을 왜 선생님들이 조사해야 하느냐, SPO가 담당해야 한다 이야기하셨습니다. 대통령이 이야기한 바로 그 이야기를 입법으로 실현시켜야 합니다. 선진국들처럼 교육은 교사가 수사나 조사는 그 수사나 조사 권한이 있는 경찰 등 전문기관이 하도록 해야 합니다. 법원도 지금보다는 적극적으로 나서도록 해야 합니다. 그렇게 학교폭력에 대한 제대로 된 처분 등 대응이 가능토록 하면서 경미한 수준의 학교폭력은 교육적 차원에서 소화될 수 있도록 해야 합니다.

갈 길이 정말 멉니다. 한번 망치기는 쉬워도 이를 되살리는 것은 너무나 어렵습니다. 망한 학교를 살리는 길도 마찬가지입니다. 긴 싸움이 될 것이고 지루한 싸움이 될 것입니다. 그래도 이렇게 학교를 포기하지 않는 선생님들과 함께라면 그 싸움 끝까지 해나갈 수 있을 듯합니다. 더 이상 죽음을 결심하지 말아 주십시오. 죽음을 결심하실 각오로 여기 모인 선생님들과 또 선생님들을 지지하고 응원하는 저와 같은 사람들과 함께 싸워주십시오. 저 역시 끝까지 함께 하겠습니다. 이 문제를 정확히 이해하는 한 분, 한 분이 너무도 소중합니다. 저들보다 더 오래 함께 끝까지 살아서 기어코 학교를 바꾸어 냅시다.

감사합니다.

차례

<< 1부 >>

학교는
왜
무너지고 있는가?

2023 우리들의 일그러진 영웅

　1987년 이상문학상 대상을 받은 이문열 작가의 『우리들의 일그러진 영웅』에는 전형적인 학교폭력으로 아이들 위에 군림하는 엄석대라는 인물이 나온다. 엄석대 왕국의 위용은 대단하여 전학을 와서 그나마 저항하던 한병태마저 그에게 굴복하게 만든다. 엄석대의 왕국이 무너진 것은 엄석대의 학교폭력을 방조하던 최 선생에서 김 선생으로 담임 선생님이 바뀌게 된 다음이다. 김 선생은 우선 엄석대를 체벌하여 엄석대의 잘못을 자백하게 한 뒤 학급의 아이들에게 엄석대의 잘못을 하나씩 공개적으로 이야기하도록 했다. 결국 엄석대는 학교를 그만두고 학교 앞에서 아이들을 괴롭혔지만 김 선생의 격려를 받은 아이들은 엄석대의 폭력에서부터 완전히 벗어나게 된다.

36년 전 국내 유수 문학상 대상까지 받은 이러한 이야기가 2023년 교실에서 펼쳐진다면 결론은 전혀 다르게 갔을 수 있다. 일단 엄석대나 그 학부모는 체벌을 가한 김 선생을 아동학대죄로 경찰에 고소할 것이다. 그렇다면 김 선생은 피의자의 신분으로 경찰서를 드나들고 기소라도 당하면 형사법정을 드나들어야 한다. 피해학생들이야 형사미성년자라서 형사처벌 대상이 아니라 하지만 엄석대의 학교폭력 가해사실을 알렸다면 그 학부모는 엄석대와 그 부모로부터 사실적시 명예훼손으로 고소당하고 학교폭력 가해 사실을 알린 것이 '오로지 공공의 이익'을 위해서 한 것임을 입증하여야 겨우 무죄를 받을 수 있을 것이다.

현행법에 따르면 엄석대의 피해학생들은 학교 측에 학교폭력으로 신고할 수밖에 없을 것인데 학교 측에 학교폭력으로 신고를 하면 이를 조사하는 생활안전부장 선생님은 엄석대와 그 학부모로부터 역시 아동학대로 고소당할 수 있다. 선생님들에게 학교폭력에 대한 초동대처와 조사 책임만 부여한 현행 법제도에서 조금이라도 강압적인 방법으로 조사를 하면 아동학대 혐의가 생기고, 사과문이라도 엄석대에게 쓰게 하면 역시 아동학대범으로 처벌당한다. 학교폭력을 담당하는 생활안전부장 선생님이나 담임인 김 선생이 이 사안을 학교폭력 사건으로 교육청 학교폭력대책심의위에

회부하면 엄석대와 그 학부모는 생활안전부장 선생님이나 담임인 김 선생을 무고죄로 고소한다.

결국 체벌을 한 김 선생은 아동학대범으로 형사처벌을 당하고, 학교폭력 사과문을 쓰게 하고 엄격히 해당 사안을 조사한 생활안 전부장 선생님 역시 아동학대범으로 형사처벌을 당한다. 엄석대 의 학교폭력 사실을 알린 학부모들 중에 '오로지 공공의 이익'으로 그 사실을 알리지 못한 학부모들은 사실적시 명예훼손으로 형사처벌을 당한다. 반면 교육청 학교폭력대책심의위의 처분을 받은 엄석대는 이에 대해 집행정지를 하고, 불복소송을 충분히 끄는 방법으로 아무런 처분도 받지 않고 상급학교로 당당히 진학한다. 피해학생들은 엄석대를 피하기 위해 전학을 가거나 자퇴를 하고, 담임인 김 선생과 생활안전부장 선생님의 무고 혐의는 충분한 경찰 수사를 받은 뒤에야 비로소 무혐의로 풀려날 것이다.

황당한 것은 이 모든 일들이 오늘날 학교 현장에서 엄석대나 김 선생이 아닌 실존 인물들에게 실제 발생했던 사건들이란 점이다.

붕괴의 전조
- 아동복지법 정서적 학대 처벌 조항 신설

아동에 대한 학대는 본래 형법의 학대죄 조항에 의해 처벌이 되었다. 형법상 학대죄의 객체는 아동으로 한정되지는 않지만 아동과 노인, 장애인 등 사회적 약자들에 대한 학대가 처벌 대상이었다. 형법상 학대죄의 법정형은 벌금형의 정도는 화폐개혁 등 사회·경제적 변화와 인플레이션 등을 반영하여 변화해 왔지만, 자유형은 2년 이하의 징역으로 지금까지 고정되어 있다.

이러한 학대죄 중 아동학대에 대한 내용만 분리되어 별도의 처벌대상이 되기 시작한 것은 1961년 12월 30일에 제정된 아동복리법부터였다. 1961년 제정된 아동복리법 제1조는 "본법은 아동이 그 보호자로부터 유실, 유기 또는 이탈되었을 경우, 그 보호자가 아동을 육성하기에 부적당하거나 양육할 수 없는 경우, 아동의 건전한 출생을 기할 수 없는 경우 또는 기타의 경우에 아동이 건전하고 행복하게 육성되도록 그 복리를 보장함을 목적으로 한다"고 규정함으로써, 전후 고아나 유기 또는 실종된 아동을 보호하기 위한 목적으로 제정되었음을 분명히 하였다. 이에 정상적인 가정이나 학교에서 아동이 학대되는 것을 금지하고 처벌하기는 하였지만 이러한 경우의 법정형으로 "30만 환 이하의 벌금 또는 구류에 처한다"고 함으로써 같은 시기 형법상 학대죄의 법정형인 '2년 이하의 징역 또는 1만 5천 환 이하의 벌금'보다 오히려 가벼웠다.

이러한 특별법상 아동학대 처벌의 변화가 오기 시작한 것은 1981년 4월 13일 1961년 제정된 아동복리법이 아동복지법으로 개정된 이후였다. 1981년 전부 개정된 아동복지법 개정 이유를 살피면 "종전의 아동복리법은 구호적 성격의 복지제공에 중점을 두고 있어 그동안의 경제·사회 발전에 따라 발생한 사회적 복지요구에 부응하지 못하고 있으므로 요보호아동뿐만 아니라 일반아동을 포함한 전체아동의 복지를 보장하고 특히 유아기에 있어서의 기본적 인격 특성과 능력개발을 조장하기 위한 여건을 조성"한다고 기재함으로써 보호대상의 아동이 고아나 유기 또는 실종된 아동이 아니라 전체 아동으로 확장됨을 분명히 하였다. 그 결과 특별법인 아동복지법상의 아동학대 역시 같은 시기 형법상 학대죄의 법정형과 동일한 "2년 이하의 징역 또는 200만 원 이하의 벌금"으로 개정되었다.

그러나 이러한 변화는 아동복지계의 요구에 부응하는 수준의 변화가 아니었다. 1953년 형법이 제정된 이후 형법상 학대죄는 불문의 주관적 구성요건 요소인 경향성을 학대죄 성립의 요건으로 요구하여 왔다. 그 결과 형법상 학대죄로 처벌되기 위해서는 단순히 학대의 고의만 있어서는 불가능하고, 학대의 경향이 존재해야 한다는 것이 확고한 판례의 이론이었다. 그러나 이것은 일시적인 아동학대나 훈육과 학대의 경계에 있는 학대 등을 학대죄로 처벌하기 어렵게 하는 장애물로 작용했다. 특히 사랑의 매가 통용되던 시기에 부모나 교사가 아니라 동네 어른에 의한 체벌이 주어져도 훈육의 목적이 인정된다면 정당행위에 해당된다고 보고, 위법성을 인정하지 않아 처벌하지 않았기에 아동복지계의 불만은 더 커졌다. 이 시기에는 아동복지법상 아동학대의 법정형이 형법상 학대죄와 동일하였기에 아동복지법상 아동학대의 경우에도 경향성을 요구하였던 것이다. 이에 아동복지계는 1981년 아동복지법이 전면개정된 이후 20여 년간 아동복지법의 재개정과 아동학대 처벌에 있어서 신체적 학대에 더해 정서적 학대를 포함하고, 경향성이라는 불문의 주관적 구성요건을 요구하지 말 것을 요구해 왔다.

20년에 걸친 아동복지계의 오랜 노력 끝에 2000년 1월 12일,

현재 아동복지법의 원형이 되는 수준으로 아동복지법의 개정이 이루어졌다. 기존 아동복지법 제18조 제9호의 "자기의 보호 또는 감독을 받는 아동을 학대하는 행위"라는 포괄적 아동학대 정의 규정이 삭제되고, 대신 신체적 학대, 성적 학대, 정서적 학대, 유기 또는 방임에 의한 학대라는 4가지 유형의 아동학대가 세분하여 규정되었다. 또한 전국 광역시도에 아동보호전문기관이 생기고, 이들 아동보호전문기관에 의한 아동학대 예방교육이 시행되었다. 2000년에 전국에 17개에 불과했던 아동보호전문기관은 2011년에는 45개소로 늘어났다. 2000년 법개정으로 아동보호전문기관은 아동학대에 대한 신고를 받고 그 조사를 할 권한을 지니게 되었으며, 이는 2020년 4월의 아동복지법 개정 시까지 유지되었다.

1970년대 전 세계 아동복지 학계의 광범위한 연구 결과 아동에 대한 학대는 성년에 대한 학대에 비해 오랜 후유증이 남을 수 있음이 입증되면서 아동학대의 4대 유형론이 그대로 반영된 것이다. 당시 아동복지 학계의 아동학대 4대 유형은 신체적 학대physical abuse, 정서적 학대emotional abuse, 성적 학대sexual abuse, 방임neglect의 네 가지였다.

이와 같은 아동복지 학계의 이론이 그대로 입법화된 것에는 당시 우리나라의 아동 인권 수준이 선진국에 비해 매우 낮았고, 이로 인해 심각한 수준의 아동학대가 아무런 문제의식 없이 반복적으로 발생되었던 사회 분위기에 기인했다 볼 수 있다. 특히 입법 당시 가정 내 보호자들의 아동학대가 심각하게 다뤄졌고, 이로 인해 아동복지법에는 교사나 의사 등 아동과 관계된 사람들의 신고의무가 규정되었다. 실제 통계적으로 아동학대의 70~80%는 가정 내 보호자, 즉 부모에 의한 경우가 많았고 이에 가정폭력 사건 중 아동학대 사건은 아동학대처벌법과 아동복지법이 가정폭력처벌법보다 우선적으로 적용되고 있다.

분명 가정 내 광범위하고 심각한 아동학대를 규제하기 위한 의도가 컸던 법답게 2000년에 처음 아동에 대한 정서적 학대 처벌 규정이 도입되었을 때 교사들이 이 법으로 고소가 되는 경우는 크게 드물었다. 오히려 교사들은 아동복지법상 신고의무자로서 자신이 가르치는 제자가 가정 내에서 아동학대를 당하는 것이 의심될 때면 적극적으로 이를 신고하는 역할을 수행해 왔다. 아동복지계와 교육계 역시 이 시점까지는 서로 적대적일 이유가 전혀 없었고, 아동의 복지를 위해 협력적인 관계를 유지해 왔다. 그것은 지금도 많은 교사들이 아동복지법에서 오랜 기간 신고와 조사의 역할을 담당해 온 아동보호전문기관들을 후원하고 있다는 사실로도 충분히 입증된다.

그러나 아동복지 문제에 있어 교육계와 아동복지계의 행복한 동거의 시간은 2012년 하나의 법이 개정되며 완전히 끝장나게 된다. 2010년대 초반 매우 심각하고 지속적으로 발생한 학교폭력 문제에 대하여 엄벌주의에 기반한 학교폭력예방법의 개정이 바로 그것이다.

붕괴가 시작되다
- 학교폭력예방법 개정

2011년 말 대구의 한 중학교에서 학교폭력에 시달리던 학생이 자살하는 사건이 발생했다. 이 사건 이후로 학교폭력의 심각성을 알리는 각종 사건들에 대한 보도가 이어졌고, 우리 사회 전체는 학교폭력 문제에 대한 엄벌주의 입법의 필요성을 소리 높여 외쳤다. 사실 그동안 학교폭력 문제는 학교의 자치적 해결 문제에 맡겨져 있는 경우가 대부분이었다. 경찰에 신고까지 되는 경우가 있었으나 대부분 형사 절차는커녕 소년법상의 보호처분 절차도 거치지 않고 학교로 다시 인계되었다. TV 드라마 등에서도 학교폭력 문제가 발생하여 경찰서까지 가면 경찰들이 선생님에게 학생을 인계하고 선생님은 대신 백배사죄한 뒤 아이를 데리고 와서 체벌을 하고 함께 끌어안고 울면서 가해자가 교화되는 내용이 방송

되던 시절이었다. 많은 학교폭력 문제가 이러한 온정주의적 분위기 속에서 은폐되었고, 때로는 청소년 시절의 낭만 정도로 여겨지곤 했다.

하지만 2011년 말부터 2012년 초까지 우리 사회 분위기는 달랐다. 사회 곳곳에서 학생인권 문제가 새로이 부각되기 시작하였고, 진보 교육감이 선출된 지방 교육청들을 중심으로 학생인권조례가 생겨나고 있었다. 학생들의 인권이라는 점이 강조되던 시점에 학생들의 인권이 학교폭력으로 위협받는 상황을 방치하는 온정주의적 분위기는 비판의 대상이 되었다. 또 학교폭력을 법적 절차를 거치는 것도 없이 선생님들의 현장 판단에 따라 체벌로 해결하는 것 또한 학생인권 침해의 문제로 보았다.

이처럼 학교자치적으로 체벌을 통해 다뤄지던 학교폭력 문제를 양성화하고 법제화하며 강하게 처벌하자는 사회적 요구는 결국 정부 여당을 움직이기에 이른다. 2012년 2월 6일 정부는 학교폭력 관계장관 대책회의를 열고 '학교폭력 근절 종합대책'을 발표한다. 그리고 2012년 1월 26일과 3월 21일 학교폭력예방법이 개정되어 학교폭력 관련 문제가 전면 법제화된다.

2012년 개정된 학교폭력이 시행된 2012년 4월 1일부터 학교폭력 문제가 발생했을 때 피해자 또는 피해자 학부모들이 대응할 수 있는 법적 대응 방안은 연령대에 따라 다음의 표와 같다.

	8~10세	10~14세	14세 이상	특이점
학폭법상 처분	O	O	O	집행정지 가능
소년법상 보호처분	X	O	O	피해자 대리 없음
형사처벌	X	X	O	일반 형사 절차

학교폭력은 형사상 범죄의 구성요건을 충족한다 해도 가해자가 미성년자에 학생이란 특징 때문에 행정처분으로서의 교육청 학교폭력대책심의위원회(이하 '학폭위')의 처분을 받게 되고, 별도로 학교폭력의 피해자가 수사기관에 신고 또는 고소를 할 경우 수사기관의 수사를 기반해 소년법원에 송치가 된다면 소년법상 보호처분, 형사절차가 진행된다면 형사처벌이 각각 가해지는 2원적 또는 3원적 처리 구조가 공식화되었다.

이러한 학폭위에서 내려지는 처분은 2012년 개정 당시 생활기록부에 10년간 기재되기 시작하였고, 이러한 생활기록부 기재 기간은 이후 2년까지 축소되었다가 2024년부터는 다시 4년으로 연장됐다. 학폭위는 각급 학교에 모두 설치되었고, 학폭위원은 교사와 학부모를 중심으로 구성되었다. 아무래도 법적 지식이 부족한 교사와 학부모들이 절차를 진행하다 보니 초기에는 행정법상 절차적 하자가 빈발한 경우가 많았고, 입시에 반영될 수 있는 생활기록부 기재를 취소하기 위한 학교폭력 소송에 참여하기 시작한 변호사들이 이러한 점을 집중적으로 공략하면서 학폭위 처분이 절차적 하자로 무력화되는 경우가 빈발하였다.

또한 2012년 개정 이후 모든 학교폭력 사건에 대한 학폭위 개최가 의무화되면서 성장기 청소년들의 사소한 말다툼 수준의 범죄 수준이라 볼 수 없는 사소한 다툼까지도 모두 학폭위의 대상이 되며, 학폭위 개최와 진행이 학교 업무 전반을 마비시키는 사태로 이어지게 되었다.

이에 2019년 다시 한번 학교폭력예방법에 대한 개정이 이뤄지며, 2020년 3월 1일부터 전치 2주 이상의 상해가 동반되지 않고 지속적이지 않은 경미한 학교폭력의 경우 학교장이 종결할 수 있는 학교장 종결처리제도가 도입되었다. 그러나 이 경우에도 피해자가 원한다면 반드시 학폭위는 열려야 한다. 또한 각급 학교에 설치된 학폭위로 인해 절차적 하자로 학폭위 처분이 무력화되는 경우가 빈번해지면서 각급 학교에 설치되었던 학폭위는 교육지원청으로 이관되고, 각급 학교에는 학교폭력전담기구가 생겨나게 되었다.

하지만 2019년 개정 이후에도 여전히 각 학교의 학교폭력전담

업무를 담당하는 교사와 담임교사가 학교폭력에 대한 초동조사를 하게 되는데 이때 해당 교사들에게 직·간접적으로 조사를 강제할 권한이 학교폭력예방법 내에 전혀 존재하지 않는다. 이는 교육지원청으로 옮겨진 학폭위도 마찬가지이고, 결과적으로 학교폭력이 발생할 경우 피해자가 피해 사실에 대한 충분한 증거를 확보하지 못하고, 가해자가 가해 사실을 일관되게 부인한다면 학교폭력 사실이 인정되지 못하는 경우가 계속해서 발생하였다.

　실제 복수의 가해자가 있을 때 가해 사실을 인정한 가해자에게는 학폭위상 처분이 내려지고, 끝까지 가해 사실을 부정한 가해자에게는 아무런 처분이 내려지지 않는 비일관적이고 비정상적인 사례 또한 자주 발생하였다. 결국 법률적 조언을 받는 가해자의 경우 피해자에게 확실한 증거가 존재하지 않는다고 판단된다면 가해 사실 자체를 전면 부인하며 최소한의 사과도 하지 않는 일이 반복되며, 교육현장에서 학교폭력의 문제를 교육적 문제로 풀어갈 가능성 자체가 완전히 사라지게 되었다.

　피해자와 그 학부모 역시 학교폭력 피해로 고통을 받는 상황에서도 직접 학교폭력의 증거와 증인을 수집하기 위해 백방으로 뛰어다녀야 하며 이러한 과정에서 그 고통이 더욱 가중되는 상황이다.

　더구나 천신만고 끝에 학폭위 처분을 받아낸다 하여도 이러한 처분이 내려질 경우 가해학생은 이러한 처분에 불복하여 행정심판 또는 행정소송을 제기할 수 있다. 이러한 본안사건이 진행되기 전에 가해학생은 학폭위 처분에 대한 집행정지를 신청할 수 있는데 해당 처분의 당부에 대한 취소소송이 진행 중이고 돌이킬 수 없는 피해가 발생할 수 있음을 충분히 소명한다면 집행정지가 인정되는 경우가 많다.* 집행정지가 이뤄진 상태에서 학교폭력예방법상의 처분에 대한 취소소송을 최대한 오래 진행한다면 극단적인 경우 가해학생이 상급학교에 진학할 때까지 학폭위 처분 집행정지의 효력을 유지시킬 수 있다.

현재 이러한 맹점을 이용하여 학교폭력 가해자를 적극적으로 대리하는 사안이 증가하는 추세이고, 학교폭력 가해자들 역시 이러한 방법을 알고 있어 학교폭력 피해자에게 처분이 나와도 집행정지하면 그만이라고 말하는 경우도 다수 생겨나고 있는 실정이다.

학교폭력 사건의 집행정지를 금지하는 것은 불가능하며, 학폭위의 결정은 법적으로 처분의 성격만을 지니고 있는 바, 이에 대한 종국적인 당부 판단을 위해 행정심판과 행정소송으로 다투는

----

* 최근 강득구 의원실의 발표에 따르면 학교폭력 불복사건의 집행정지 인용률은 58%에 달한다.

것을 막을 수 없고, 그러한 종국적인 판단이 이뤄지기까지 회복하기 어려운 손해가 있고, 긴급한 필요가 있다면 집행정지 결정이 나오는 것을 막을 수는 없다. 애초 학교폭력의 문제를 행정법적 처분으로 해결하고자 했던 접근법이 가져온 태생적 한계라 할 수 있다.

가해학생 학부모에 대한 동기부여
- 수시입시전형 확대

2010년대의 입시는 이전까지의 입시와 많은 것이 달라졌다. 교육계의 진보적 단체와 주요 인물들은 한국의 획일적인 점수 줄세우기식 시험제도가 학생들의 다양성과 창의성을 말살한다고 주장해 왔다. 사교육걱정없는세상 같은 학부모 단체들은 획일적 점수 줄세우기가 사교육을 양성하며 다양성 평가를 말살한다고 이야기했고, 전교조 등 진보적인 교사 단체들도 이에 동조하였다.

마침 2000년대 이후 선진국에 진입한 국가적인 상황도 획일적이고 성실하기만 한 인재를 선발하는 것은 시대착오적이라는 미래지향적 인재관이 국가적 사회적 합의로 이어지고 있었다. 실제로 1994년 기존의 대학 입시 시험의 유형과 완전히 다른 대학수학능력시험 제도가 도입되며, 제한된 시험범위 안에서 성실성과 암기력을 평가받던 학력고사형 인재들이 급격히 몰락하고 어릴 때부터 폭넓은 독서를 해온 새로운 수능형 인재들이 각광받기 시작했다. 그러나 수능도 15년 이상 이어지며 사교육 시장의 공략 대상이 되기 시작했고, 많은 요령과 풀이법을 통해 공략되기 시작했다. 이에 시험 한 번이 아니라 고등학교 3년을 전반적으로 살펴서 평가하는 내신 중심의 수시전형이 1990년대 말부터 도입되기 시작하였고, 2008년 노무현 정부에서 입학사정관제, 2013년 박근혜 정부에서 학생부종합전형이 도입되며 그 비중이 점점 증가하기 시작하였다. 그 결과 노무현 정부 말기 수시입시전형 비율이 전체 대학 정원의 50%를 넘었고, 2018년에는 75%에 육박할 정도로 증가하며 대학입시의 가장 주된 전형이 되었다.

학생부 종합전형은 학생생활기록부의 내신성적과 각종 특기적성사항, 인성발달사항 등을 중요하게 고려하여 학생의 잠재력과 다양성을 평가하여 선발하는 방식으로 수능 등 한 번의 전국시험 중심의 입시전형보다 다면평가가 가능하다는 점에서 보수와 진보 세력을 가리지 않고 가장 진일보한 선발방식으로 평가받았다. 처음 도입되던 시점부터 20년이 넘어가며 각종 폐단이 지적되고, 공정성에 의구심을 불러일으키고 있지만 아직도 가장 대표적인 대학입시전형으로 유지되고 있는 것은 우리나라 정책들 중 희귀하게 진보와 보수 모두에게서 지지받는 정책이라는 점이 가장 크다.

실제 학생부종합전형 결과 내신을 포기하고 수능이나 학력고사에 집중하며, 사교육에 몰두하는 분위기가 해소되고, 학생들이 다시 공교육의 장인 학교의 수업과 과제에 집중하고 학교생활에 집중하는 순기능이 생기긴 하였다. 그러나 학생부종합전형이라 하여 수능 성적 등을 아예 무시하는 것은 아니기에 여전히 수능시험 준비라는 부담이 존재하는 상황에서 고등학교 내신 경쟁과 각종 수행평가 경쟁이 더해지면서 학생들의 부담이 더 증가하는 결과를 낳았다는 평가도 받는다. 특히 내신과 수행평가의 경쟁이 좁은 학교라는 환경에서 펼쳐지며 학생들 간의 긴장도 높아지고, 새로운 형태의 사교육이 창궐하는 문제를 낳기도 하였다.

가장 심각한 것은 학교생활기록부 내용에 대한 강한 갈등 요소가 생겼다는 점이다. 학교생활기록부에 좋지 않은 내용이 기재된다면 그것이 곧 입시 결과와 직결될 수밖에 없으니 어떻게 생각하면 당연한 결과라 할 수 있다. 학교생활기록부에는 성적 및 특기적성과 함께 인성에 대한 내용이 모두 기재되는데 그 주요 내용 중 하나가 학폭위의 처분 내용이다. 2012년 학폭법이 개정되었던 시점은 대학입시에서 수시의 비중이 급증하는 시점과 정확히 일치한다. 중학교에서도 생활기록부 중심으로 평가받는 특목고나 영재고, 자율형 사립고 입시 열풍이 불어오던 때와 비슷하다.

우리나라 학부모들에게 학교 교육은 대학입시를 위한 징검다리처럼 생각하는 경우가 많은데 그 대학입시에 가장 결정적 요소가 되어버린 학교생활기록부에 기재되는 학폭위 처분의 내용에 신경을 쓰지 않을 수 없었던 것이다. 대학입시를 위해 사교육에 많게는 몇천만 원에서 몇억도 투자하는데, 대학입시에 직결되는 학교생활기록부 상의 학폭위 처분을 지우는 데 그만한 돈을 들이는 것 또한 당연히 예상할 수 있는 일이다. 결국 자녀의 대학입시와 자녀사랑에 푹 빠진 학폭 가해학생의 학부모들은 학폭위 처분을 지우기 위해 변호사를 찾아가기 시작하는데 다음 장에서 서술할 변호사 업계의 지각 변동이 이런 현상을 더욱 증폭시킨다.

완벽한 붕괴
- 학교로 찾아온 법원과 경찰

    2012년 법학전문대학원 출신의 변호사들이 변호사 업계에 배출되기 시작한다. 이른바 양산형 변호사 1세대의 등장이다. 2008년 법학전문대학원제도가 도입되고, 한시적으로 사법시험이 병행되면서 2012년부터 약 5년간 매년 2,500명의 신규 변호사가 배출되기 시작하였다. 우리나라는 2011년까지 60여 년간 1만 5,000명의 변호사를 배출하였는데 이후 10여 년간 무려 2만 명의 변호사를 배출하는 기록적인 변호사 수 증가세가 이 시기 나타났다.

    유래가 없는 속도였기에 시장에서는 아우성이 터져 나왔다. 그 와중에 정부 각 부처, 공공기관 등 높은 처우 때문에 기존에 변호사를 뽑을 수 없었던 곳들에도 비교적 저렴한 인건비로 변호사를 채용할 수 있게 되었다. 사법시험 출신 변호사만 배출되던 시절

최소 5급 사무관을 주어도 변호사 채용이 어려웠다면, 2012년부터는 6급 또는 7급에 월 300만 원도 되지 않은 급여를 주어도 변호사를 쉽게 채용할 수 있었다. 각급 교육청과 교육지원청도 마찬가지여서 전국 각지의 교육청과 교육지원청은 6급 주무관의 직급에 200만 원대 급여로 변호사를 채용하기 시작했다. 대부분 2~3년 계약직이었다.

한편 기록적으로 배출된 변호사들은 송무 시장만으로 생계를 이어가기 어려웠고 새로운 시장을 개척한다는 명분으로 새로운 분쟁거리를 만들어 나갔다. 처음에는 인터넷 블로그나 SNS의 글자 폰트 저작권 침해 대량고소 및 손해배상청구나 댓글 등에 대한 모욕죄 대량고소나 손해배상청구 수준이었다.

이어서 신도시 맘카페 등에 사무장이나 변호사 본인이 침투하여 부동산 상승기를 노린 기획이혼소송이 터져 나왔다. 일방적으로 싸움을 걸고 싸움에 대한 녹취를 하고 이를 이용해 기획이혼소송을 제기한 뒤 충분한 위자료와 높은 재산분할을 목돈으로 받고, 양육비를 매월 받아내는 방식이었다. 이러한 기획이혼소송은 부동산 상승기 법조시장에서 블루오션으로 통용되었다.

기획이혼소송에서 사용된 방식은 학교에도 적용되기 시작했다. 2012년에 채용되었던 교육청 및 교육지원청 변호사들은 2~3년의 계약직 업무기간을 마치고 재계약이 되지 않을 경우 변호사 송무 시장으로 모두 나오게 되었다. 이들은 지난 60년간 거의 법적 분쟁이 없었던 학교나 교육당국의 제도와 정책이 얼마나 절차적으로 허술한지 충분히 깨우칠 수 있었다.

2012년을 기점으로 시작된 학폭위 개최 의무화와 수시입시전형 확대로 학폭위 처분을 취소하고 싶은 수요가 급증하는 시점에 이들 교육지원청 출신 변호사들의 공급이 맞아떨어지면서 학교폭력 법률 시장은 급성장하기 시작한다. 교육청 출신의 1세대 학폭전문 변호사들은 학폭위의 처분을 취소하기 위해 실제 학교 현장에서 행정절차법에 대해 잘 알지 못한 교사들의 절차 위법을 강하게 짚었고, 이러한 주장이 교육청 행정심판위나 법원에서 적극적으로 인용됨으로써 학폭위 처분 자체가 취소되는 경우가 빈발하게 되었다.

또한 이러한 학폭 관련 법적 분쟁의 증가는 교사와 학부모의 관계가 재정립되는 결과로도 이어지는데, 과거 그래도 학교와 교사에 대해 쟁송을 하는 것에 거부감이 컸던 심리적 장벽을 완전히 무너뜨리는 계기로 작용하기 시작한 것이다. 학교폭력 가해자의 학부모들은 입시에서 큰 불이익을 겪을 자기 자녀를 위해 교사들의 절차적 위법성을 매섭게 짚어주기를 바라게 되었고, 이미 교육청에서 당시 교육당국과 학교의 절차적 허점을 충분히 습득한 교육청 변호사들이 이러한 부분을 적극적으로 공략함으로써 학폭위 처분은 이러한 업무에 익숙한 변호사들만 선임한다면 얼마든지 취소시키거나 최소한 졸업할 때까지 집행정지를 할 수 있는 것이 되고 말았다.

학교폭력 사건의 법적 분쟁은 또 다른 결과로도 이어졌는데 바로 교사에 아동복지법을 적극적으로 적용하여 교사를 아동학대범으로 만드는 것이었다. 학교폭력 가해자인 가해학생을 변론하며 학교폭력을 조사하고 지도한 교사의 정당한 행위를 정서적 학대로 고소한다면 학교폭력 가해학생은 순식간에 아동학대의 피해자가 되는 효과를 누릴 수가 있게 된다. 또한 교사들이 피해학생을 위해 적극적으로 나서서 증언 등을 하는 것을 막고 기계적 중립을 지키도록 하는 효과도 거둘 수 있게 된다. 이에 학교폭력 가해학생을 하는 변호하는 변호사들의 조언에 따라, 또는 이러한 효과를 알게 된 학교폭력 가해학생 부모들의 요청에 따라 교사들을 무차별적으로 아동학대범으로 고소하는 것이 유행하기 시작한다.

문제는 이렇게 교사들이 아동학대로 고소되는 동안 아동학대범에 대한 엄벌주의가 점점 더 강해지기 시작하면서, 아동이 조금이라도 기분이 상하는 일을 하면 정서적 학대가 된다는 법리가 적용되기 시작하고 아동학대범에 대한 형벌 외의 불이익도 증대되기 시작하면서 학부모들의 교사에 대한 아동학대 고소의 효력이 너무도 강력히 나타나게 된 것이다.

　예컨대 학부모들이 교사를 아동학대로 고소하면 아동복지법에 따라 최근까지는 아동보호전문기관, 최근에는 지방자치단체에서 교사와 학생들을 조사한다. 이후 경찰에서 또 조사를 받아야 하고, 아동학대처벌특례법에 따라 경찰이 무혐의로 판단한다 해도 무조건 검찰로 송치되어 다시 한번 검찰의 판단을 받아야 한다. 이 과정에서 최근 교사들의 연속적인 극단적 선택이 있기 전까지 수사기관, 지방자치단체, 아동보호전문기관이 모두 교사들에게 유죄추정의 원칙을 사실상 적용하였고, 이로 인해 교사들에게 상당한 압박감을 줄 수 있다. 여기에 더하여 아동학대 고소만 있어도 교육청에서는 교사의 담임 직위 등을 바로 해제하는 직위해제를 해왔기 때문에 담임을 교체하는 등의 효과를 얻기 위해서 교사를 아동학대로 고소하는 방법이 널리 활용되었다. 다만 최근 개정된 교권보호 4법으로 아동학대 고소만으로 선생님을 무분별하게 직위해제하는 것은 금지되었다.

　결국 우리나라의 학교들은 60여 년 만에 수많은 법적 분쟁에 아무런 대비도 없이 노출되기 시작하였고, 교육청과 교육지원청이 계약직으로 채용했다 계약 종료한 젊은 변호사들에 의해 학교가 완벽한 블루오션으로 주목받으며 학교폭력예방법과 아동복지법이라는 두 법에 의해 완전히 유린당하며, 학교 현장을 유지할 최소한의 권위와 체제가 완전히 붕괴되는 현실에 도달하게 되었다.

아동복지법 정서적 학대 조항의 도입, 학교폭력예방법의 개정과 학교폭력 제도의 법제화, 변호사 수의 급증과 학교폭력 법률분쟁시장의 블루오션화. 지난 10년간 이 세 가지가 완벽한 조화를 이루며 학교는 걷잡을 수 없이 붕괴의 길을 걷게 되었다. 무너져가는 학교에서 처음에는 학교폭력 피해자들이 극단적 선택을 하며 사라지기 시작했고, 다음엔 그 피해자들의 부모가 극단적 선택을 하며 사라졌고, 마지막으로 선생님들이 극단적 선택을 하며 우리는 이제야 도대체 학교에 무슨 일이 생기고 있는지 이야기하고 있다.

이제 겨우 학교의 붕괴를 우리 사회가 인지하기 시작했는데 붕괴의 속도가 너무 빠른 나머지 붕괴를 막을 대안은 아무런 효과를 가져오고 있지 못하다. 모두 현상을 제대로 진단하지 못해서 발생하는 일인데 도대체 무엇이 문제인지 사례와 법이론을 중심으로 하나씩 짚어 보겠다.

<< 2부 >>

아동복지법 정서적 학대 처벌 조항은 위헌적인가?

2023년 8월 나는 초등교사노조와 함께 아동복지법 제17조 제5호 정서적 학대 처벌 조항에 대한 헌법소원을 제기하였다. 학교 내에서 법적 분쟁이 발생할 때 학부모 측에 주어진 비대칭 무기에 가까운 아동복지법 제17조 제5호 정서적 학대 처벌 조항이 폐지되거나 개정되지 않는다면 매년 2~3배씩 증가하고 있는 학교 관련 법률 분쟁이 줄어들지 않을 것이라 생각했기 때문이며, 아동복지법 제17조 제5호가 역설적으로 평범한 아동의 복지를 지켜주지 못하고 아동을 학대하는 법이 될 것이라는 생각이 있었기 때문이다.

헌법소원 제기를 계획하며 기본권 침해의 직접성과 현재성이라는 적법 요건을 통과하기 위해 우선 아동복지법 제17조 제5호로 기소되어 현재 재판을 받고 있는 청구인을 초등교사노조와 함께 물색하기 시작했다. 아동복지법 제17조 제5호는 2014년과 2015년 두 번 헌법소원이 제기된 적 있다. 이 두 번의 헌법소원은 아동복지법 제17조 제5호 정서적 학대 처벌 조항으로 기소되고 재판중인 유치원 또는 어린이집 교사가 제기한 것으로 전부 합헌 결정을 받은 바 있다. 아동학대로 재판까지 간다 하여 상대적으로 불이익이 적은 유치원 또는 어린이집 교사들과 달리 대부분 공무원인 교사들의 경우 형사 재판이 길어지는 것은 직위해제 등의 불이익이 길어지는 문제를 낳을 수 있다는 점에서 기소되어 재판중인 청구인을 모집하기는 어려웠다. 왜냐하면 기소되어 재판중에 헌법소원을 청구하려면 우선 담당 재판부에 위헌법률심판 제청을 신청하고 이것이 기각되어야 비로소 제기 가능하기 때문이다.

결국 최근 헌법재판소가 형사처벌 법률조항의 적법성 요건을 다소 완화시키는 것을 고려하여 경찰에서 기소의견 송치된 선생님을 청구인으로 아동복지법 제17조 제5호 정서적 학대 처벌 조항에 대한 헌법소원을 제기하였다. 그러나 헌법재판소는 해당 청구인에게는 아직 기본권 침해 직접성과 현재성이 없다는 이유로 헌법소원을 각하하였다. 사실적시 명예훼손죄에 대한 헌법소원에서는 동물병원을 다녀오고 동물병원에 대한 평가글을 인터넷에 쓰지 못한다는 이유로 헌법소원을 제기한 청구인의 기본권 침해 직접성과 현재성을 인정하며 위헌성을 판단했던 헌법재판소가 아동복지법 제17조 제5호에 대해서는 이토록 엄격한 적법 요건을 적용하는 것은 조금은 이해되지 않았다. 기본권 침해 직접성과 현재성이 인정되지 않을 것이 걱정되어 전국에서 아동학대로 고소당하고 기소당하지 않았어도 불이익을 입은 교사들의 사례를 50여 개 모집하고 그중 8개의 사례를 헌법소원심판청구서에 수록했기에 더욱 그러했다.

헌법재판소가 석연치 않은 이유로 아동복지법 제17조 제5호 정서적 학대 처벌 조항에 대한 헌법소원을 각하했지만, 아동복지법 제17조 제5호 정서적 학대 처벌 조항은 아래와 같은 이유로 위헌이라 생각한다.

명확성의 원칙 위반

　명확성 원칙은 민주주의·법치주의 원리의 표현으로서 모든 기본권 제한 입법에 요구되는 것으로, 그중 헌법 제12조 및 제13조를 통하여 보장되고 있는 죄형법정주의로부터 도출되는 명확성 원칙은 그 구성요건과 법적 결과를 법률로 명확하게 규정하여야 한다는 원칙으로서 법률에 범죄와 형벌을 가능한 한 명확하게 규정하여야 법관의 자의를 방지할 수 있고, 국민들에게 어떠한 행위가 금지되어 있고 그 행위에 대하여 어떠한 형벌이 과하여질지를 예측할 수 있도록 한다. 따라서 형사처벌의 대상이 되는 범죄의 구성요건은 형식적 의미의 법률로 명확하게 규정되어야 하며, 만약 범죄의 구성요건에 관한 규정이 지나치게 추상적이거나 모호하여 그 내용과 적용범위가 과도하게 광범위하고 포괄적이어서 불명확한 경우에는 국가형벌권의 자의적인 행사가 가능하게 되어 개인의 자유와 권리를 보장할 수 없으므로 헌법상 죄형법정주의 원칙에 위배된다 할 수 있다.

아동복지법 제17조 제5호는 아동의 정신건강 및 발달에 해를 끼치는 정서적 학대행위를 한 자를 형사처벌하도록 규정하고 있다. 그러나 "아동의 정신건강 및 발달에 해를 끼치는"의 의미와 "정서적 학대"라는 의미가 매우 모호하고 추상적이며 광범위함으로써 그 내용과 적용범위가 불명확하다.

실제 우리 대법원은 "초·중등교육법령에 따르면 교사는 학교장의 위임을 받아 교육상 필요하다고 인정할 때에는 징계를 할 수 있고 징계를 하지 않는 경우에는 그 밖의 방법으로 지도를 할 수 있는데 그 지도에 있어서는 교육상 불가피한 경우에만 신체적 고통을 가하는 방법인 이른바 체벌로 할 수 있고 그 외의 경우에는 훈육, 훈계의 방법만이 허용되어 있는 바, 교사가 학생을 징계 아닌 방법으로 지도하는 경우에도 징계하는 경우와 마찬가지로 교육상의 필요가 있어야 될 뿐만 아니라 특히 학생에게 신체적, 정신적 고통을 가하는 체벌, 비하^{卑下}하는 말 등의 언행은 교육상 불가피한 때에만 허용되는 것이어서, 학생에 대한 폭행, 욕설에 해당되는 지도행위는 학생의 잘못된 언행을 교정하려는 목적에서 나온 것이었으며 다른 교육적 수단으로는 교정이 불가능하였던 경우로서 그 방법과 정도에서 사회통념상 용인될 수 있을 만한 객관적 타당성을 갖추었던 경우에만 법령에 의한 정당행위로 볼 수 있을 것이고"라고 판시함으로써(대법원 2004. 6. 10. 선고 2001도5380 판결), 교사가 훈육행위를 할 경우 필요 최소한의 체벌까지도 정당행위에 해당할 수 있음을 인정하였고, 현재까지 이에 대한 태도를 변경하지 않고 있는 중이다.

그럼에도 우리 법원은 교사가 "밥을 빨리 안 먹으면 혼낸다"고 말하며 머리를 몇 대 때린 행위(대법원 2018. 7. 20. 선고 2018도7109 판결), "프린터를 가져오지 않았으니까 D이다"라고 말하거나, 수업에서 사용할 선물 뽑기를 만들면서 '꽝'에 해당하는 뽑기에 'D'라고 기재한 행위(창원지방법원 2023. 4. 27. 선고 2023고단90 판결), "왜 이런 것을 못 알아듣니? 널 혼 내주는 방법이 다섯 가지가 있는데 첫 번째는 볼을 꼬집어 비트는 것이고, 두 번째는 귀를 잡아당겨 찢는 방법이다"라는 취지로 말을 하면서 피해자의 신체에 어떤 위해를 가할 것처럼 겁을 주는 행위(울산지방법원 2020. 12. 17. 선고 2020고단2423, 2020초기1177 판결) 등에 대하여까지 정서적 아동학대를 인정하여 형벌을 가하고 있다.

헌법재판소는 지난 두 번의 헌법소원에서 아동복지법 제17조 제

5항 정서적 학대 처벌 조항에 대하여 판단하며, "'아동의 정신건강 및 발달에 해를 끼치는 정서적 학대행위'란, '아동이 사물을 느끼고 생각하여 판단하는 마음의 자세나 태도가 정상적으로 유지되고 성장하는 것을 저해하거나 이에 대하여 현저한 위험을 초래할 수 있는 행위로서, 아동의 신체에 손상을 주거나 유기 또는 방임하는 것과 같은 정도의 행위'를 의미한다고 볼 수 있다. 이러한 해석은 다소 추상적이고 광범위하게 보일 수 있으나, 이는 다양한 형태의 정서적 학대행위로부터 아동을 보호함으로써 아동의 건강과 행복, 안전과 복지를 보장하고자 하는 아동복지법 전체의 입법취지를 실현하고자 하는 것으로서, 어떠한 행위가 정서적 학대행위에 해당하는지에 관하여는 아동에게 가해진 유형력의 정도, 행위에 이르게 된 동기와 경위, 피해아동의 연령 및 건강 상태, 가해자의 평소 성향이나 행위 당시의 태도, 행위의 반복성이나 기간 등에 비추어 법관의 해석과 조리에 의하여 구체화될 수 있다"고 판시한 바 있다(헌법재판소 2015. 10. 21. 선고 2014헌바266 결정).

그러나 상기의 사례들을 살펴보면, '아동의 신체에 손상을 주거나 유기 또는 방임하는 것과 같은 정도의 행위'의 수준에 이르지 않은 경우에도 정서적 학대로 인정하고 형벌을 가하는 경우가 다수 발생하고 있어, 헌법재판소 기존 결정의 기대와 달리 법관의 해석과 조리에 의해 구체화되지 못하고 있는 실정이다.

게다가 검찰이 아동복지법 제17조 제5항 정서적 학대 처벌 조항 위반 행위의 판단 근거로 삼고 있는 하급심 판례에서는 "형법상 학대죄는 단순히 상대방의 인격에 대한 반인륜적 침해만으로는 부족하고 적어도 유기에 준할 정도에 이르러야 한다고 해석되고 있으나, 형법상 학대죄는 생명, 신체를 보호법익으로 하여 보호 또는 감독을 받는 자를 보호대상으로 하는 데 반하여, 아동복지법은 아동의 건강과 복지를 보호법익으로 하고(아동복지법 제1조), 18세 미만인 사람만을 보호대상으로 하며(아동복지법 제3조 제1호), 아동의 경우 완전하고 조화로운 인격발달을 위하여 사회적으로 보호받을 필요성에서 성인에 비하여 보호가치가 크므로, 아동복지법상 학대의 개념은 형법상 학대의 개념보다 넓게 해석하는 것이 타당하다"고 판시하며(울산지방법원 2017. 8. 4. 선고 2017노542 판결), 유기나 방임의 수준에 달해야 정서적 학대를 인정할 수 있다는 헌법재판소 결정에 정면으로 반하는 판단을 하고 있다.

또한 동 판례에서 "위와 같은 아동복지법의 입법 목적, 일반적인 아동의 지적 수준과 신체발달 정도, 신체적 학대행위가 있었던 경우 그로 인하여 신체의 건강 및 발달이 저해되었는지를 정확히 확인하는 것은 현실적으로 쉽지 않은 점 등에 비추어 보면, 아동복지법 제17조 제3호에서 규정한 '아동의 신체에 손상을 주거나 신체의 건강 및 발달을 해치는 신체적 학대행위'에는 현실적으로 아동의 신체건강과 그 정상적인 발달을 저해한 경우뿐만 아니라 그러한 결과를 초래할 위험 또는 가능성이 발생한 경우도 포함되고, 위 죄의 범의는 반드시 아동학대의 목적이나 의도가 있어야 인정되는 것이 아니고, 아동의 신체건강 및 발달의 저해라는 결과를 발생시킬 가능성 또는 위험이 있는 행위 자체를 인식하거나 예견하고 이를 용인하면 족하다"고 판시함으로써 정서적 학대 처벌의 고의 판정 기준을 자의적으로 확대하여 조문상 명백히 고의범인 것을 과실범으로까지 확장하여 처벌하고 있다.

이처럼 법원과 수사기관에 의한 자의적으로 가벌성이 확장됨에 따라, 학교폭력 사건 가해자나 그 부모가 학교폭력 사건 신고 등에 대한 보복 수단으로 아동복지법상 정서적 학대 처벌 조항을 활용하는 경우도 다수 발생하고 있다. 예컨대 학교폭력 사건 피해자 부모가 가해자 아이에게 "야, E. 내가 누군지 알제. 나 D 엄마다. 앞으로 D 건들지 말고, 아는 체도 하지 마라"고 이야기하거나, "야 E, 니 내 아는데 왜 인사 안해"라고 말하거나 "야, E. 방학 때 ○○이랑 가까이 하지 마라"고 말하는 정도에도 정서적 학대를 인정하여 학교폭력 사건 피해자 부모에게 형벌을 선고하였다(부산지방법원 2019. 2. 14. 선고 2018고단452 판결).

이는 학교폭력 사건의 피해자 부모가 학교폭력 가해자 아이의 2

차 가해를 막기 위해 피해자 아이에게 접근을 금지하란 수준의 발언을 한 것까지도 법원이 정서적 아동학대로 판시할 수 있음을 보여주는 사례로서, 기존 헌법재판소 결정의 취지와 달리 유기와 방임의 수준에 달하지 않더라도 법원이 자의적으로 이 사건 심판 대상 조항의 가벌성 범위를 무제한 확장할 수 있음을 단적으로 보여주고 있다 하겠다.

즉 아동복지법상 정서적 학대 처벌 조항은 헌법재판소의 기대와 달리 지난 10여 년간 법원의 판단을 통해 명확성을 갖추었다 보기 어려우며, 담당 법관의 자의적 판단이나 여론의 향배에 따라 예측할 수 없는 판단이 이어졌고, 그 과정에서 헌법재판소가 결정을 통해 명시한 유기와 방임 수준의 정서적 학대라는 최소한의 기준조차 준수되지 못했다 하겠다. 또한 이로 인해 누구도 이 사건 심판 대상 조항의 위반 여부를 판단하기 어려운 상황이 이어지고 있기에 죄형법정주의상 명확성의 원칙을 명백히 위반한 위헌적 입법이라 보아야 한다.

책임주의 원칙 위반

형벌에 관한 책임원칙은 '형벌은 책임있는 자에게, 책임에 비례하여 부과되어야 한다'는 것이다. 이는 형사법의 기본원리로서, 헌법상 법치국가의 원리에 내재하는 원리인 동시에, 국민 누구나 인간으로서의 존엄과 가치를 가지고 스스로의 책임에 따라 자신의 행동을 결정할 것을 보장하고 있는 헌법 제10조와 과잉금지원칙을 규정하고 있는 헌법 제37조 제2항으로부터 도출되는 원리이다.

이러한 책임주의로부터 ① 범죄에 대한 귀책 사유, 즉 책임이 인정되어야만 형벌을 부과할 수 있다는 원칙과, ② 책임의 정도를 초과하는 형벌을 과할 수 없다는 원칙이 도출된다. 특히 후자의 경우에 입법자가 형벌이라는 수단을 선택함에 있어서는 그 형벌이 불법과 책임의 경중에 일치하도록 하여야 하고, 선택한 형벌이 구성요건에 기술된 불법의 내용과 행위자의 책임과 일치되지 않는 과도한 것이라면 이는 비례의 원칙을 일탈한 것으로 헌법상 용인될 수 없다는 것이 헌법재판소의 일관된 입장이기도 하다.

한편 아동복지법 제71조 제1항 제2호는 아동복지법 제17조 "제3호부터 제8호까지의 규정에 해당하는 행위를 한 자는 5년 이하의 징역 또는 5천만 원 이하의 벌금에 처한다"고 규정함으로써 아동복지법 제17조 제3호부터 제8호까지의 행위에 대해 동일한 법정형을 규정하고 있다. 동일한 법정형이 부과되는 제17조 제3호부터 제8호까지 행위를 정리하면 아래와 같다.

조문	구성요건
제17조 제3호	아동의 신체에 손상을 주거나 신체의 건강 및 발달을 해치는 신체적 학대행위
제17조 제4호	삭제
제17조 제5호	아동의 정신건강 및 발달에 해를 끼치는 정서적 학대행위 (「가정폭력범죄의 처벌 등에 관한 특례법」 제2조제1호에 따른 가정폭력에 아동을 노출시키는 행위로 인한 경우를 포함한다.)
제17조 제6호	자신의 보호·감독을 받는 아동을 유기하거나 의식주를 포함한 기본적 보호·양육·치료 및 교육을 소홀히 하는 방임행위
제17조 제7호	장애를 가진 아동을 공중에 관람시키는 행위
제17조 제8호	아동에게 구걸을 시키거나 아동을 이용하여 구걸하는 행위

각호의 구성요건을 살펴보면 정서적 학대 처벌 조항을 제외한 나머지 아동학대 행위는 매우 구체적이고 명확하게 알 수 있고, 아동에게 실제 큰 피해를 발생시킬 수 있는 행위임을 알 수 있다. 반면 이 사건 심판 대상 조항의 행위는 다른 행위들에 비하여 가벌성이 낮은 경미한 행위라 할 수 있고, 다른 행위들처럼 흔적을 남기지 않는다는 측면에서 어느 정도의 피해를 입었는지 객관적으로 평가하여 정량화하기도 어려워 오로지 그 행위를 당한 아동의 주관적인 경험에 의존하여 피해를 판단할 수밖에 없다는 점에서 명백하고 심각한 학대행위라 할 수 있는 다른 행위들과 동일한 법정형을 규정하는 것은 행위와 책임의 비례 원칙에 명백히 위배된다.

이에 헌법재판소는 기존의 결정에서 이 사건 심판 대상 조항이 규정하는 정서적 학대행위는 적어도 신체적 학대행위나 유기 또는 방임행위와 동일한 정도의 피해를 아동에게 주는 행위로서 교육적 목적으로 이뤄지는 정상적인 훈육과 구별된다고 판시하였으나(헌법재판소 2015. 10. 21. 선고 2014헌바266 결정), 법원은 신체적 학대행위나 유기 또는 방임행위에 이르지 않은 행위에 대하여도 형벌을 가하는 판결을 이어가며 가벌성의 범위를 무한정 확대하고 수사기관 역시 헌법재판소의 결정 범위 밖에서 수사와 기소를 남발함으로써 침해의 최소성에 위반되는 행위를 반복하고 있는 현실이다.

　더구나 교사가 이 사건 심판 대상 조항으로 수사대상이 되고 아동학대 피해를 주장하는 학부모 등의 민원이 강할 경우, ① 수사 중에도 교육공무원법 제44조의2에 따라 교육공무원법 제44조의2*에 따라 직위해제되어 담임이 교체되거나, ② 기소만 되더라도 국가공무원법 제73조의3**에 따라 직위해제되거나, ③ 벌금 등만 부과되어도 추가 징계 대상이 되는 등의 불이익이 부가적으로 발

....

* 　교육공무원법
　제44조의2(직위해제) ① 임용권자는 다음 각 호의 어느 하나에 해당하는 자에게는 직위를 부여하지 아니할 수 있다.
　1. 직무수행 능력이 부족하거나 근무성적이 극히 나쁜 자
　2. 파면·해임·강등 또는 정직에 해당하는 징계의결이 요구 중인 자
　3. 형사사건으로 기소된 자(약식명령이 청구된 자는 제외한다)
　4. 금품비위, 성범죄 등 다음 각 목의 비위행위로 인하여 감사원 및 검찰·경찰 등 수사기관에서 조사나 수사 중인 자로서 비위의 정도가 중대하고 이로 인하여 정상적인 업무수행을 기대하기 현저히 어려운 자
　　가. 「국가공무원법」 제78조의2제1항 각 호의 행위
　　나. 「성폭력범죄의 처벌 등에 관한 특례법」 제2조에 따른 성폭력범죄 행위
　　다. 「성매매알선 등 행위의 처벌에 관한 법률」 제4조에 따른 금지행위
　　라. 「아동·청소년의 성보호에 관한 법률」 제2조제2호에 따른 아동·청소년대상 성범죄 행위
　　마. 「아동복지법」 제17조에 따른 금지행위
　　바. 교육공무원으로서의 품위를 크게 손상하여 그 직위를 유지하는 것이 부적절하다고 판단되는 행위

생할 수 있는 등, 정서적 학대 처벌 조항으로 인한 침해가 형사처벌에 한정되지 않는다는 점에서 더욱 책임주의 원칙에 위반되는 조항으로 위헌적이라 하겠다.

....

** 국가공무원법

제73조의3(직위해제) ① 임용권자는 다음 각 호의 어느 하나에 해당하는 자에게는 직위를 부여하지 아니할 수 있다. 〈개정 2008. 3. 28., 2010. 3. 22., 2014. 1. 7., 2015. 5. 18.〉

1. 삭제〈1973. 2. 5.〉

2. 직무수행 능력이 부족하거나 근무성적이 극히 나쁜 자

3. 파면·해임·강등 또는 정직에 해당하는 징계 의결이 요구 중인 자

4. 형사 사건으로 기소된 자(약식명령이 청구된 자는 제외한다)

5. 고위공무원단에 속하는 일반직공무원으로서 제70조의2제1항제2호부터 제5호까지의 사유로 적격심사를 요구받은 자

6. 금품비위, 성범죄 등 대통령령으로 정하는 비위행위로 인하여 감사원 및 검찰·경찰 등 수사기관에서 조사나 수사 중인 자로서 비위의 정도가 중대하고 이로 인하여 정상적인 업무수행을 기대하기 현저히 어려운 자

직업수행의 자유 및 교육권 침해

헌법 제15조는 "모든 국민은 직업선택의 자유를 가진다"라고 규정함으로써 개인이 원하는 직업을 자유롭게 선택하는 '좁은 의미의 직업선택의 자유'와 그가 선택한 직업을 자기가 원하는 방식으로 자유롭게 수행할 수 있는 '직업수행의 자유'를 보장하고 있다. 또한 헌법재판소는 직업수행의 자유에 대한 제한이지만 그 실질이 직업수행의 자유를 형해화形骸化시키는 경우에는 그것이 직업선택이 아닌 직업수행의 자유에 대한 제한이라고 하더라도 엄격한 심사기준이 적용된다고 보고 있다.

아동복지법상의 정서적 학대 처벌 조항은 정당행위로 인정되는 교사의 훈육행위와 뚜렷이 구별되지 않는 정서적 학대 행위를 처벌하는 것으로 교사의 직업수행의 자유를 제한하지만 해당 조항으로 수사받거나 기소되어 직위해제를 당하거나 처벌받을 경우 아동복지법 제29조의3에 따라 초·중등교육법상 각급 학교 등 아동관련기관의 취업이 제한될 수 있다. 이에 교사의 업무 중 핵심적인 근간이 되는 훈육 및 생활지도업무의 수행권한이 사실상 박탈되어, 교사의 훈육 및 생활지도업무가 형해화되고 본질적 측면이 침해될 수 있음으로써, 교사가 훈육 및 생활지도업무를 온전하게 수행할 수 있는 권리가 유명무실해질 수 있다는 점에서 교사의 직업수행의 자유를 심대하게 침해하는 위헌적 입법이라 볼 수 있다.

또한 헌법 제31조 제1항은 "모든 국민은 능력에 따라 균등하게 교육을 받을 권리를 가진다"고 규정하여 국민은 교육을 받을 권리를 가짐을 명시적으로 정하고 있다. 아울러, 헌법 제31조 제4항은 "교육의 자주성·전문성·정치적 중립성 및 대학의 자율성은 법률이 정하는 바에 의하여 보장된다"고 규정함으로써 교육의 자주성을 확보하기 위하여 교육내용·교육기구가 교육자에 의하여 자주적으로 결정되고, 공권력에 의한 감독과 개입은 필요하고 합리적인 범위에서만 가능함을 명시적으로 밝히고 있다.*

....

* 교육이란 학생들의 건전한 지식과 인격의 신장을 목표로 하여 그들을 지도하고 가르치는 것이고, 이러한 교육을 담당하는 교원은 미래사회를 이끌어 나갈 학생들로

아동학대 정서적 처벌 조항으로 수사받는 교사들 중 많은 경우 수사 단계에서 직위해제를 당하였고, 기소가 되면 사실상 필요적으로 직위해제를 당해왔다. 이는 교사가 지니는 교육의 자유를 심대하게 침해하는 결과를 초래하였고, 해당 교사로부터 수업을 듣는 학생들의 교육권을 명백히 침해하고 있다.

특히 학군지 등에서는 입시 등의 불리함을 이유로 담임 등을 교체하는 수단으로 이 사건 심판 대상 조항을 혐의로 교사를 고소하는 경우까지 발생하고 있으며, 학교폭력의 가해자가 학교폭력으로 인한 처분을 경감시킬 목적으로 교사와 학교폭력 피해자의 학부모를 이 사건 심판 대상 조항 위반의 혐의로 고소하는 경우도

하여금 자립하여 생활할 수 있는 능력을 길러주는 공교육제도의 주관자로서 주도적 지위를 담당하도록 주권자인 국민으로부터 위임받은 사람이다.

그리고 교원의 직무는 피교육자인 학생들의 기본적 권리인 '교육을 받을 권리'와 서로 앞뒷면을 이루고 있다는 특징이 있다. 따라서 교원의 직무에는 교육제도의 구조적 특성과 교육의 자주성 등에 내재하는 두 가지 한계가 있는 바, 하나는 교원직무의 자주성이 교육을 받을 기본권을 가진 피교육자인 학생들의 권익과 복리증진에 저해가 되어서는 아니 된다는 것이고 다른 하나는 국가와 사회공동체의 이념과 윤리의 테두리 안에서 직무의 자주성은 제약을 받게 된다는 것이다. 즉, 교원의 자주성은 그 자체가 책임을 수반하는 것으로서 그것이 피교육자인 학생의 권익과 복지증진에 공헌할 것인가와 국가와 사회공동체의 공동이념 및 윤리와 조화될 수 있는가라는 상대적 관계에서 그 범위가 정해지는 것이다(헌법재판소 1997. 12. 24. 선고 95헌바29,97헌바6(병합) 결정).

종종 발생하고 있다. 이러한 세태를 살필 때, 정서적 학대 처벌 조항은 직업수행의 자유와 교육권을 침해하여 위헌이라 하겠다.

<< 3부 >>

아동복지법과
학교폭력예방법이
만든 교실의 실상

죽음, 죽음, 그리고 또 죽음

2023년은 대한민국의 학교가 완전히 붕괴되었음을 세상에 온전히 알리는 한 해였다. 정순신 변호사와 권경애 변호사 사건으로 시작된 학교폭력 문제와 관련된 뜨거운 논란은 5월 중순 국내 유일의 학교폭력 피해자 전용 기숙학교 해맑음센터의 폐쇄, 그리고 7월의 서이초 선생님 순직 사건, 대전 용산초 선생님 순직 사건 등으로 이어지며 대한민국 사회를 크게 뒤흔들었다.

8월부터는 서울 서이초, 대전 관평초, 의정부 호원초에서 벌어진 선생님들에 대한 교육활동 침해행위들에 대해 항의하는 교사들의 집회가 전국 각지에서 펼쳐졌고, 전국 55만 교사 중 35만 명이 참여한 9월 집회에서 절정을 기록하자, 정치권은 서둘러 교권보호 4법과 학교폭력예방법 개정안을 통과시켰다. 그러나 해당 법들로 변하는 것은 아무것도 없었고, 10월 28일에는 다시금 12만 명의 교사가 국회 앞에 모여 아동복지법과 학교폭력예방법의 개정을 소리 높여 외치기에 이르렀다.

2012년부터 학교는 교육의 공간에서 죽음과 폭력의 공간으로 완전히 변하기 시작했다. 학교폭력을 엄벌하겠다며 시행된 학교폭력예방법은 오히려 학교폭력 피해자들을 철저히 고립시키기 시작하였다. 학교폭력이 발생할 경우 무조건 학폭위를 열도록 규정한 법의 내용은 역설적으로 맞폭 신고를 범람하게 하였고, 피해자가 가해자를 신고하면 가해자가 피해자를 곧바로 맞폭 신고하여 동시에 가해자이자 피해자인 학폭위가 열리도록 했으며, 변호사 등을 적극적으로 선임한 가해자들은 교사의 절차적 위법성을 따지고, 교사를 아동학대로 고소하는 방법으로 학폭위의 처분을 무력화시켰다. 피해자가 천신만고 끝에 학폭위 처분을 받아낸다 해도 3분의 2 이상 인용되는 집행정지 신청을 통해 학폭위 처분 자체를 무력화시켰다.

경기 인천 지역의 한 학교에서는 여고생이 인근 남자고등학교 학생으로부터 강간을 당하였고, 이로 인해 가해자에게 이례적으로 퇴학 처분이 내려졌는데 가해자가 해당 사건은 형사사건과 함께 진행중이라며, 변호사를 선임하여 법원에 집행정지를 신청하였고 법원은 형사사건 수사를 지켜봐야 한다며 퇴학 처분에 대한 집행정지를 인용해 주었다. 이에 가해자는 퇴학을 당하지 않고 학교를 졸업하기까지 하였고, 강간을 당한 피해자는 가해자가 퇴학도 당하지 않는 현실에 극단적 선택을 하였다. 결국 해당 사건은 형사사건에서도 유죄가 나왔고, 학폭위 퇴학 처분에 대한 취소소송도 가해자가 패소하였으나 이미 가해자는 고등학교를 졸업한 후였고, 이후 해당 고등학교에서 졸업을 취소하는 절차가 진행되었다.

학폭위에서 천신만고 끝에 퇴학 처분을 받아내도 이처럼 무력화되는데 사실 현행 학폭 제도 아래서 피해자가 가해자와 분리되는 처분을 받는 것은 거의 불가능에 가깝다. 현재 학교폭력예방법은 가해자에게 할 수 있는 처분으로, 1호 처분인 피해학생에 대한 서면사과부터 제9호 처분인 퇴학 처분까지 규정하고 있다. 제9호 처분인 퇴학 처분은 거의 나오지 않기에 사실상 제8호 처분인 강제전학 처분이 가장 강력한 처분이다.

2017년부터 학교폭력피해자가족협의회의 자문 변호사를 하며 많은 학교폭력 사건을 해본 경험에 비추어 보았을 때 가해자와 피해자가 공간적으로 분리될 수 있는 제7호 처분 학급교체 이상의 처분이 나오기 위해서는 형사법상 성범죄, 공동폭행, 흉기 휴대

폭행 등은 되어야 한다. 이들 정도가 되지 않는 한 기껏해야 제3호 처분인 학교에서의 봉사나 제4호 처분인 사회봉사가 나온다. 재미있는 것이 2012년 학교폭력예방법 개정 이후 한동안 제3호 처분이나 제4호 처분 같은 봉사에 해당하는 처분이 나올 경우 가해자들은 이를 마치 자발적으로 한 봉사로 포장하여 학생부종합전형의 입시자료로 활용해 왔다. 뒤늦게 학교폭력피해자가족협의회에서 그 사실을 발견하고 강력히 항의함으로써 개선되기는 했지만 가해자 측이 현행 법제도를 얼마나 알뜰하게 이용하고 있는지 충분히 알 수 있을 만한 내용이다.

실제 학교폭력이 발생할 경우 은밀한 왕따나 언어폭력 정도는 봉사 수준의 경미한 처분에 그치는 경우가 많고 정말 길고 지루한 절차를 거쳐 학교폭력에 대한 처분을 받는다 해도 가해자와 피해자가 결국 한 공간에 머물게 되는 경우가 많다 보니 학교폭력 피해자들은 학교폭력예방법이 정한 절차를 모두 거친다 해도 제대로 보호받지 못하는 것이 현실이다. 이 문제를 해결하기 위해 피해자와 가해자의 분리라는 조치를 실질적으로 보장해줄 것을 요구했으나 그 결과물은 고작 가해자든 피해자든 자신이 피해자라 주장하는 순간, 상대방을 3일간 즉시분리를 할 수 있는 내용만이 추가되었을 뿐이다.*

그 결과 학교폭력을 당한 피해자는 가해자와 여전히 학교를 함께 다니며 고통을 받아야 하는 경우가 대부분이고, 교사들의 적절한 생활지도와 훈육마저 아동학대 정서적 처벌 조항 고소 등의 우려 때문에 대부분 봉쇄되면서 가해자인 일진들과 금쪽이들의 학교폭력행위는 브레이크 없이 질주할 수 있게 되었다. 아동학대의 광범위한 처벌로 선생님의 권위와 권한이 완전히 소멸되고, 학폭위의 처분은 아주 굉장히 온정주의적인데 그나마도 집행정지와 불복심판 또는 소송으로 쉽게 무력화되면서 금쪽이와 일진의 인권과 자기결정권은 무한대로 보장되는 반면 평범한 학생들과 학교폭력 피해자들의 학습권과 인권은 철저히 짓밟히고 파괴되는 학교에서 지난 10여 년간 학교폭력 피해자들은 죽음으로 자신의 억울함을 호소해 왔다.

수많은 피해학생들이 그렇게 죽고 사라져 갔지만 올봄 이전까지는 단발성 화제기사로 다뤄지기 일쑤였고, 많은 언론들에서도 그저 자극적인 일회용 소재로 다루고 소비하기 바빴다. 피해학생들의 죽음 뒤에는 애끓는 아이의 고통에 공감하고 아이의 문제를 해결해 주지 못하는 아픔에 시달리는 피해학생 학부모들의 죽음이

---

* 2023년 8월부터 즉시분리 기간은 3일에서 7일로 연장되었다.

이어졌다.

학교폭력 피해학생과 피해학생 학부모들을 괴롭힌 악법은 또 있었다. 바로 사실적시 명예훼손죄와 아동복지법상 정서적 학대 처벌 조항이다. 학교폭력 피해학생과 피해학생 학부모들은 자신 또는 자기 자녀의 학교폭력 피해사실을 세상에 알려도 안 됐다. 학교폭력 가해학생 학부모들은 피해학생이나 그 부모가 학폭위 처분 등의 사실을 세상에 알리면 이에 대해 곧바로 사실적시 명예훼손죄로 피해학생과 그 학부모를 고소하였다. 이것은 피해학생이나 그 학부모에 멈추지 않고 학폭위 처분 사실을 알리는 선생님에게도 행해졌다. 이로 인해 과거 선도위원회 등 시절에 행해지던 학칙위반 징계의 공고 등과 달리 최근의 학폭위 처분은 대부분의 학교에서 철저히 비밀에 붙여지는 경우가 대부분이다. 결국 동급생들은 학폭위가 개최되어도 누가 가해자인지 또는 누가 피해자인지 아예 모르는 경우가 많고 선생님이나 학교 또한 이를 확인해주지 않으니 종종 가해자와 피해자가 뒤집어져서 알려지는 경우도 생긴다. 이것이 너무 억울하여 피해자나 그 부모가 정확한 사실을 알리려는 순간 피해자나 그 부모는 사실적시 명예훼손으로 고소되어 많은 고초를 겪어야 한다. 물론 형법상 사실적시 명예훼손죄는 공익목적으로 할 경우 처벌받지 않는 단서조항이 있으나 이러한 단서조항이 적용되는지 확인하려면 일단 수개월간의 수사를 받고 기다려야 한다는 점에서 학교폭력 피해자와 그 학부모들은 자신들이 피해를 받았다는 사실도 세상에 말하지 못하고 벙어리 냉가슴을 앓다가 죽음으로 억울함을 알리게 되는 경우가 많다.

아동복지법상 정서적 학대 처벌 조항도 피해학생과 학부모를 죽음으로 몰아넣는 악법인데, 앞서 이야기했듯 학폭위를 통해 가해학생과 피해학생의 분리가 사실상 거의 불가능하다 보니 많은 피해학생의 학부모가 가해학생을 찾아가 피해학생과 만나지 말 것과 따끔하게 한 번 혼내는 행위를 많이 한다. 그러나 이러한 경우 가해학생의 학부모는 피해학생의 학부모를 아동복지법상 정서적 학대 처벌 조항으로 고소하고, 이러한 경우 우리 수사기관과 법원은 가해학생이 정서적 학대를 당했다며 피해학생 부모에게 벌금을 부과하고 전과가 생기게 하고 있다. 자녀가 학교폭력을 당하고 제대로 보호받지 못하는 것만으로도 크게 억울한데 이처럼 억울한 전과까지 생긴 학부모들도 억울함을 참지 못하고 유명을 달리하는 경우가 많이 있었다.

아동복지법상 정서적 학대 처벌 조항은 선생님들까지 죽음으로 몰아넣고 있다. 아동학대 고소 협박을 받거나 실제 아동학대 고소를 당하고 무혐의 불기소 처분을 받고도 학부모들의 악성 민원과 협박 및 강요 등에 의해 선생님들 역시 극단적인 선택을 이어가고 있다. 최근 순직이 인정된 의정부 호원초 선생님과 대전 용산초 선생님들이 모두 비슷한 사례였다.

특히 대전 용산초 선생님은 관평초에 있을 당시 친구의 뺨을 때린 아이를 교장선생님에게 보내 지도를 받게 하였다는 이유로 아동학대 고소를 당하였다. 당시 선생님들이 아동학대 고소를 당하면 선생님들로부터 많은 후원을 받는 아동보호전문기관이 초동 조사를 하는데, 그동안 아동보호전문기관들이 아동학대 사건에서는 유죄추정에 가까운 입장에서 조사를 해왔다 보니, 용산초 선생님이 친구의 뺨을 때린 아이를 교장선생님에게 보내 지도를 받게 한 것 역시 아동학대로 판정하는 황당함을 보인다. 대전 용산초 선생님에게 벌어진 황당한 일은 여기서 끝나지 않았는데 학교는 친구의 뺨을 때린 아이를 학교폭력의 피해자로, 친구의 뺨을 때린 아이를 교장선생님에게 보내 지도한 선생님을 학교폭력의 가해자로 학폭위를 열기에 이르고, 친구의 뺨을 때린 아이에게 학교폭력 피해자에게 하는 보호처분을 결정해 준다. 학교폭력의 가해자가 선생님을 아동학대로 신고만 하면 학교폭력의 피해자가 되는 마법은 여기서도 또 한 번 일어나게 된 것이다. 그러나 사건은 여기서 멈추지 않는다. 아동보호전문기관의 조사 결과를 받아본 경찰은 대전 용산초 선생님에 대한 수사를 한 뒤 아동학대 기소의견으로 검찰에 송치한다. 대전 용산초 선생님의 억울함은 검찰이 제대로 판단하여 무혐의 불기소 처분을 한 이후에야 겨우 풀리게 되었다. 그러나 학부모들의 민원 공세는 멈추지 않았다. 더불어민주당 강득구 의원실이 확보한 자료에 따르면 학부모들은 지속적으로 국민신문고 등을 통해 선생님에 대한 민원을 제기하였고, 검찰의 무혐의 불기소 결정 이후에도 그치지 않았다. 검찰의 무혐의 결정을 받았다 해도 선생님의 정신적 고통이 줄어들진 못한 것이다.

그래도 대전 용산초 선생님은 일말의 희망을 품고 서이초 선생님 순직 사건 이후 개최된 교사집회에 꾸준히 참여하고, 남편에게 '아동학대처벌법 개정'이라는 문구가 써진 피켓 사진을 보내며, 아동복지법 제17조 제5호 헌법소원에 자신의 사례를 기재해달라고 응모하는 등의 활동을 이어갔지만 결국 아무것도 변하지 않는 현실에 홀로 세상을 뜨셨다.

아이들을 성장시키고 발전시키며 교사와 학부모 그리고 학생들이 함께 성장할 수 있는 학교가 완전히 황폐해지고 이토록 완전히 망하는 동안 철저히 무관심했던 우리가 만들어낸 결과였다. 이제 영원히 돌아오지 않을 목숨을 연이어 떠나보낸 뒤에야 우리는 2012년 이후 지옥이 되어버린 학교를 되돌아보기 시작하고 있다.

절망적인 사실은 지금까지의 이야기는 2012년 이후 지옥이 되어
버린 학교의 이야기 중 아주 일부의 이야기에 불과하다는 것이다.

군자의 복수는 20년이 늦어도

20년 전 서울의 한 중학교에서 중학생 무리들에 의한 집단폭행 사건이 있었다. 집단폭행 사건의 정도가 너무나 끔찍하여 방송과 신문 등에 크게 오르내리며 대한민국을 떠들썩하게 할 정도였다. 가해자 무리들은 나뭇가지를 피해자 다리의 오금에 넣고 발로 무릎을 밟는 폭행 등을 하였고 당시 피해학생은 그 폭행으로 지금도 고통을 겪고 있다. 피해학생의 학부모는 당시 유명하던 한 청소년 사건 관련 인권변호사의 도움을 받아 가해자와 그 부모들에게 민사상 손해배상청구소송을 제기하였고, 법원은 이례적으로 가해자와 그 부모들에게 5,000만 원의 손해배상액을 인정하였다. 당시 서울의 32평 아파트 가격이 1억 5,000만 원쯤 했으니 상당한 수준의 손해배상이 인정된 사건이라 할 수 있다.

하지만 가해자와 그 부모들은 피해자에게 법원이 판시한 배상금을 지불하지 않았다. 그렇게 10년이 지났고, 피해자 부모는 다시금 인권변호사의 도움을 받아 손해배상채권의 소멸시효를 법원의 판결을 통해 10년 연장하였다. 그리고 다시 10년이 지나고 이번엔 나에게 시효연장을 위한 확인의 소를 대리해달라는 부탁을 하였다. 나는 20년 전 중학생이던 아이들이니 이제는 모두 성인이 되었을 것이고 결혼도 하고 또 자산도 생겼을 듯하다, 언제까지 계속해서 시효연장만 할 수는 없으니 이번 기회에 집행을 해보자고 하며, 공익 소송으로 사건을 맡았다.

20년 만에 시효연장을 위한 확인의 소와 집행절차를 동시에 진행하고 있다. 끔찍한 수준의 학교폭력을 자행하고도 20년간 배상금을 안 받는 걸로 봐서 공시송달까지 가는 것을 각오했는데 어찌된 일인지 가해자와 그 부모들 모두 특별송달 단계에서 송달을 받았다. 가해자들은 전국 각지에 흩어져 살고 있었고, 그중에는 서울에서 잘사는 동네로 알려진 동네의 아주 유명한 브랜드 아파트에서 살고 있는 사람도 있었다. 20년간 5,000만 원을 주지 않았기 때문에 당시 소촉법상 법정이자였던 연 20%를 적용하면 현재 이들 가해자와 가해자 부모들이 배상해야 할 금원은 수억 원에 달한다. 현재 사건은 특별송달 이후 재산명시절차에 이르고 있다. 재산명시절차란 채권집행을 위한 채무자의 재산이 얼마나 되는지 채무자가 스스로 법원에 신고하는 절차이다. 만약 채무자가 이에 불응하거나 부실하게 신고할 경우 채권자는 채무자의 재산을 법원을 통해 조회하는 재산조회절차로 나아갈 수 있다.

가해자와 그 부모들이 살고 있는 인근 법원에서 재산명시기일이 하나둘 확정되고 있는데 지인으로부터 연락이 왔다. 가해자 중 한 명이 2,000만 원에 합의를 보고 싶다는 의사를 나의 지인을 통해 전해온 것이다. 법정이자로 이미 수억 원이 되었기에 이대로 절차가 진행되면 살고 있는 주택 등에 압류와 강제경매가 이뤄질 수 있음을 깨닫고 합의를 시도하는 듯했다. 피해자에게 법원에서 판결한 배상금도 주지 않고 20년을 버티다가 결혼하여 아이를 낳고 자산이 생길 때가 되자 자산을 지키기 위해 비로소 합의를 제의해온 것이다. 우선 피해자 부모에게 이 사실을 알렸다. 피해자의 부모는 울컥한다. 자기 재산이 중요한지 아는 듯하다며 황당해한다.

학교폭력의 피해자들은 학교폭력을 통해 평생 고통받을 상처를 가지게 된다. 이것은 신체적 또는 정신적 상해를 동반하는 경우가 대부분이다. 그러나 이러한 신체적 또는 정신적 상해를 배상받기 위해 민사상 손해배상청구소송을 제기하여도 가해자가 무자력이거나 가해자의 부모에게 충분한 재산이 없다면 이를 배상받을 수 없다. 특히 학교폭력 가해자 부모가 가난한 경우 민사 법원의 판결은 완전히 유명무실해진다.

그러나 더 큰 문제는 피해자 부모가 가난하여 변호사를 선임해 제대로 된 대응이나 손해배상청구도 하지 못하는 경우이다. 이런 경우를 위해 학교폭력 사건에서도 성범죄 사건처럼 피해자 국선 변호인 제도를 도입할 필요가 있다. 가해자들의 경우 적극적으로 변호사를 선임해 대응하는데, 피해자들은 학교와 수사기관 등을 믿고 멍하니 있다가 배상청구 등 중요한 판단을 하고 실행할 기회 조차 얻지 못하는 경우가 많다. 2023년 10월 학교폭력예방법이 개정되며, 2024년 3월부터 학교폭력 피해자들에 대한 보조인을 운영할 수 있는 법적 근거가 마련되었지만, 성범죄 피해자 국선 수준이라도 운용될 수 있으려면 충분한 예산의 확보가 필요하다.

가해자들이 20년을 버텨도 변호사 비용을 충분히 지불할 여유가 없다면 결국 한 푼도 배상받지 못할 수밖에 없는 현실을 바꿔야 하는데 아직 우리나라와 우리 사회는 학교폭력 피해자들을 위해 그만한 예산을 투자할 의사가 없어 보인다.

학교폭력 신고를 하였다고
학폭위에 가해자로 소환?

서울의 한 중학교에서 10명의 학생이 1명의 학생에게 학교폭력을 지속적으로 하였지만 피해자의 부모님은 전혀 알지 못했다. 10명의 가해학생 중 1명이 아버지에게 학교폭력을 한 사실을 들키고 그 아버지가 집단 학교폭력의 진상을 피해자 어머니에게 알리게 되었다. 이에 피해자 어머니는 가해학생의 자백에 따라 10명의 가해학생을 모두 학교폭력으로 신고하였다.

2개월을 기다려 겨우 열린 학폭위에서 10명의 가해학생 중 4명의 학생만 학폭의 사실이 인정되었고, 학교폭력 사실을 부인한 6명의 학생은 증거가 없다는 이유로 불처분 결정을 받았다. 학폭위의 솜방망이 처벌 이후 더욱 기세등등해진 가해학생들의 피해학생에 대한 학교폭력은 멈추지 않았고, 가해학생 중 한 명은 추가로 학폭위에서 학폭으로 인정되어 처분을 받았다. 그러나 그 가해학생은 그것마저 억울하고 특수목적고에 가야 한다며, 생활기록부에 기재된 학폭위 처분에 대한 불복 심판을 제기하였으나 받아들여지지 않았다.

한편 집단적인 학교폭력에 가담했다가 불처분을 받은 학생 중 한 명은 피해학생의 학교폭력 신고가 무고에 의한 학교폭력이라며, 학교폭력 신고를 하였다. 그 학생의 경우 학교폭력이 인정되지는 않았으나 학교폭력이 의심되는 기본적 사실관계는 인정되었다. 학교폭력예방법은 무고를 학교폭력의 예시 중 하나로 열거하지 않고 있고, 형법상 무고죄는 허위사실을 기반으로 신고하거나 고소한 경우에만 처벌하게 되어 있어 기본적 사실관계가 인정된다면 형법상 무고도 성립될 수 없다.

그럼에도 학폭위를 주관하는 교육지원청은 집단적인 학교폭력을 당하고 이미 두 번이나 극단적 선택을 시도한 피해학생을 학교폭력 신고를 했다가 불처분이 나오게 했다는 이유만으로 학폭위에 가해학생으로 세우는 만행을 서슴없이 저질렀다. 학교폭력예방법상 학교장 종결처리가 되지 않으면 학폭 신고가 있으면 어떤 경우에도 학폭위를 열게 되어 있기 때문이라는 것이 이유였다.

현행 학교폭력예방법은 2020년부터 경미한 학교폭력에 한해 학교장 종결처리제도를 두고 있다. 그러나 학교폭력 신고를 한 학생이나 학부모가 학폭위 개최를 요구한다면 학교장 종결처리제도 대상이라도 학폭위를 의무적으로 열게 되어 있다. 그러나 이를 악용해 사례의 경우처럼 사실관계는 인정되지만 불처분이 내려졌을 때 학교폭력 신고를 하였다고 학폭위를 열 수 있다고 한다면, 그에 대해 불처분이 내려졌을 때 다시금 학교폭력 신고를 하였다는 이유로 학폭위를 열 수 있게 된다. 즉 학폭위가 무한대로 반복해서 열려야 하는 황당한 사태가 발생하게 되는 것이다.

사실 사안과 같은 경우 학폭위에서 기본적 사실관계의 존재를 인정했다면 형법상 무고죄의 구성요건에 해당된다 볼 수 없으므로 학폭위 개최 요구를 받아들여서는 안 됐다. 오히려 학폭위제도와 학교폭력예방법 자체를 형해화시키려는 시도에 대해 교원지위법상 교권보호위원회를 개최하여 맞서야 했다.

더구나 사례에서 피해학생의 학폭 신고를 학폭이라 신고한 학부모는 피해학생을 보호하기 위해 피해학생 부모의 신고에 따라 학생들을 계도한 SPO^School Police Officer(학교전담경찰관)의 정당한 업무수행조차 학폭이라 주장하였고, 정말 황당하게도 교육지원청은 그 사유도 학폭에 해당될 수 있다고 보고 학폭위를 개최하였다.

조금의 책임도 지지 않기 위한 교육지원청과 학교의 기계적인 업무처리는 학교폭력 이후 두 번의 극단적 선택을 시도한 피해학생을 학폭위에서 가해학생으로 다뤄지게 하였고, 피해학생의 학부모를 학폭위에 세워 지독하도록 고통스러운 질문들을 감내하게 하였다.

해당 사안처럼 현재 학교폭력예방법상 업무처리는 결코 피해학생을 보호하거나 가해학생에게 적절한 처분을 내리고 교화하려는 목적으로 운용되고 있지 않다. 교육지원청이든 학교든 대부분의 경우 어떻게든 법이 부여할 수 있는 책임을 회피하기 위해 기계적인 업무처리를 하는 방향으로 진행되고 있다. 그 과정에서 법의 허점을 이용해 가해학생들은 유유히 빠져나가고, 피해학생의 고통은 두 배 내지 세 배로 가중되어 간다.

그렇다면 만약 학폭위를 열지 않고 교권보호위원회를 개최했다면 어떠했을까? 아마도 교권보호위원회를 개최하고자 한 선생님은 아동복지법상 아동학대로 고소당하고, 학교와 교육지원청은 온갖 민원에 시달리게 되었을 것이다. 작금의 학교에서 피해학생을 보호하고 가해학생을 교화 및 선도해야 하는 교사와 교육당국이 그러한 일을 적극적으로 한다면, 아동학대로 고소당하는 고통을 겪을 수밖에 없다. 그 결과 아무도 그런 번거로운 일을 하려 하지 않고 철저히 행정적이고 방어적으로 학교폭력 관련 업무를 수행하고 있다.

내가 이러한 학교의 현실을 알리는 인터뷰를 하였을 때, 어떤 기자는 "변호사님 말씀을 들으니 이제야 아이 학교에서 생겼다는 일이 이해가 된다"고 했다. 학교를 다녀온 어느 날 기자의 자녀는 학교에서 이해되지 않는 일이 있었다며 이야기했다고 한다. 선생님이 역사 수업시간에 백범 김구에 대해 설명하는데 "빨갱이" "테러범"이라고 대놓고 떠드는 아이들을 선생님께서 아무런 제재도 하지 못하더라는 것이다. 나는 기자에게 학교가 어디에 있는지 물어보았다. 역시 강남 8학군 지역에 있는 학교였다. 그 지역 학교에서는 지난 몇 년간 마음에 들지 않는 선생님을 아동학대로 고소하여 선생님의 직위를 해제시키는 일이 빈발하던 곳임을 알려주며, 아마도 그 선생님도 주변 선생님이 당하는 것을 보고 백범 김구 선생님에 대해 "빨갱이" "테러범"이라 수업시간에 말해도 가만히 있어야 한다고 생각했을 것이라 답해 주었다.

우리가 학교에 대해 관심을 기울이고 학교가 지금 이상으로 무너지고 마비되지 않도록 해야 하는 것은 학교가 마비되는 순간 가장 약한 학생들과 가장 지켜야 할 상식부터 무너지는 결과를 초래할 것이기 때문이다.

학교폭력 조사는 아동학대?

　한 고등학교에서 피해학생의 책에 오물을 묻히는 학교폭력 행위
가 발생하였다. 학교폭력을 전담하는 교사는 교내 CCTV를 확인
하여 일찍 등교해 해당 자리에서 무엇인가를 하는 듯한 영상을 확
보하였고, 그 학생을 불러 피해학생의 책에 오물을 묻혔는지 조사
하였다. 이후 조사를 받은 학생의 학부모는 선생님을 아동복지법
상 정서적 학대로 고소하였고, 선생님은 고소당한 지 일주일도 되
지 않아 교육청으로부터 직위해제를 당하였다.

　아동학대범으로 지방자치단체 아동학대 전담 공무원의 조사를
받고 경찰의 수사를 받는 동안 선생님의 직위는 해제되어 있었다.
보통 이런 정도 사태에 이르면 경찰에서 기소의견 송치되고, 검

찰에서 아동학대로 기소되기 마련인데 마침 경찰 수사 중에 서이초등학교 사건이 발생했다. 이후 사건은 매우 빠르게 진행되어 한달여 만에 경찰의 불기소 의견 송치, 검찰의 최종 무혐의 불기소로 마무리되었다. 교육청의 직위해제에 대한 불복소송을 준비하고 있었지만 빠른 검찰의 무혐의 불기소 결정으로 이조차 필요없게 되었다.

다행히 사필귀정으로 사안이 마무리되었지만 학교폭력을 조사하는 교사가 아동학대나 무고, 사실적시 명예훼손으로 고소되는 사례가 전국 각지에서 반복적으로 나타나고 있다. 최근에는 여고에서 단체 카톡방 사이버 학교폭력이 신고된 사례가 있었는데 선생님이 가해학생으로 추정되는 여고생의 단체 카톡방을 조사를 위해 열람한 것이 정서적 학대라며 고소되어 수사 중인 사건도 있다.

사정이 이렇다 보니 학교폭력으로 신고가 되어도 선생님들이 적극적으로 조사하거나 피해자를 보호하기 위한 대책을 제공하기 어려운 실정이다. 정순신 변호사 사건이 터졌을 때 한 공중파 시사 프로그램에서 나에게 인터뷰를 요청하며, 문제가 된 고등학교 선생님의 초동조치가 불충분한 것이 아니냐는 질문을 해왔다. 판결문 등을 보니 그 고등학교의 선생님은 요즘 찾아보기 힘들 정도로 적극적으로 사안을 조사하고, 피해학생을 보호하기 위해 힘을 쓰고 있었다. 그래서 시사 프로그램 제작진 측에 "내 경험상 이분은 정말 훌륭하신 선생님이다, 이토록 훌륭하게 일을 했기에 처분 취소소송에서 가해자 측이 비교적 빠르게 패소할 수 있었던 것이라며, 아동학대 고소를 무릅쓰고 이렇게 일을 한 선생님을 비난한다면 우리나라의 선생님 중 그 누구도 이 정도의 용기를 낼 수 없을 것"이라 이야기하였다. 이후 실제 해당 시사 프로그램에서는 고등학교의 초동조치가 부족했다는 내용은 전혀 다뤄지지 않았다.

문제는 이처럼 정말 사명감 있게 활동하는 선생님들부터 황당한 아동학대 고소와 수사, 그리고 불이익에 시달리는 현실이다. 학교폭력 조사가 아동학대 범죄가 될 수 있는 황당한 상황에 대해 나는 지속적으로 알려왔고, 2023년 10월 개정된 학교폭력예방법에서 드디어 교사의 학교폭력업무 수행 중 발생한 고의 중과실이 없는 행위에 대하여는 민·형사상 책임이 면책된다는 내용이 입법될 수 있었다. 그러나 이 또한 현장에서는 크게 실익이 없는 입법이다. 이미 아동학대는 고의범의 경우에만 처벌하고 있어 해당 면책 규정으로 특별히 면책이 확대되지 않고, 공무원의 민사 책임 역시 이미 다른 법에 의해 고의 중과실이 있는 경우에만 발생한다고 규정되어 있으므로 해당 개정 내용으로 특별히 변하는 것이 없다. 즉 2023년 10월의 개정 이후에도 학교폭력을 조사하던 선생님이 아동학대로 고소되면 고의의 아동학대가 있었는지에 대해 선생님은 수사를 받아야 한다. 다만 이전보다 조금 나아진 것은 고소 및 수사와 거의 동시에 이뤄지던 교육청의 교사에 대한 직위해제를 쉽게 하지 못하도록 제한한 교권보호 4법의 개정 내용 정도이다.

학교폭력을 조사하는 교사를 가해자나 그 부모가 아동학대로 고소하면 교사가 아동학대로 고소당해야 하는 현실은 교사의 정상적인 생활지도행위와 훈육행위, 그리고 학교폭력 조사 업무 등 학교폭력 업무를 심대하게 침해하고 있다.

수사기관으로부터 무혐의 최종 결정을 받아도
교사는 영원한 아동학대범?

교사들이 정당한 생활지도나 훈육활동을 해나가지 못할 정도로 아동복지법의 정서적 학대 조항이 위협이 되는 것에는 또 다른 이유가 있다. 보건복지부는 아동학대 사례 관리를 위하여 2014년부터 아동학대 신고 사건 개요와 관련자 정보 등을 시스템에 등록해 관리하고 있다. 이 시스템은 아동학대 사례 조사를 위한 데이터를 수집하고 관리하는 것인데, 그러다 보니 아동학대로 단 한 번만 신고되어도 검찰로부터 최종 무혐의 불기소 결정을 받는다 해도 그 기록을 모두 남겨 두고 있다. 또한 관련 분야에 재취업 등을 할 때 해당 사실이 알려지며 취업 자체가 무산되는 경우도 생겨 계약직으로 운용되는 기간제 교사가 아동학대로 고소만 당해 영구히 아동학대범처럼 재취업이 어려워지는 사태가 벌어지고 있다.

검찰에서 무혐의 불기소로 사건이 종결되거나 법원에서 무죄로 사건이 종결된다면 이는 죄가 없다는 의미이고, 아동학대를 저지르지 않았다는 의미인데 특이하게도 아동학대 범죄만은 한 번만 고소가 이뤄져도 정부의 데이터에 등록되어 영구히 지워지지 않고 취업 등에 있어 불이익을 겪게 되니 21세기판 주홍글씨라 해도 과언이 아니다.

유죄로 확정되어 취업이 제한되는 성범죄자의 신상공개조차 신상공개나 취업제한이 영구적으로 적용되지는 않는데 고소만으로 사실상 유죄의 주홍글씨가 써지는 보건복지부의 데이터 수집은 명백히 위헌적이다. 실제 서울행정법원은 2023년 1월 검찰의 무혐의 불기소 이후 삭제해 달라는 요청을 거절한 보건복지부에 대해 소송을 제기한 사건에서 해당 데이터 수집이 위헌이라 판단하며, 직권으로 헌법재판소에 위헌법률심판제청을 해둔 상황으로 헌법재판소의 최종적인 판단을 기다리고 있다.

우리나라는 그동안 어떤 이슈가 생겨날 때마다 균형이나 폐단을 생각하지 않는 과도한 입법으로 대응하여 오기 일쑤였다. 그 과정에서 최소한의 법치주의적인 고려나 인권에 대한 판단도 입법 목적이 지니는 대의명분 아래 무시되기 일쑤였고, 개별 이슈로 인해 격앙된 국민감정 역시 극단적 입법을 요구하였다. 법에 대해서 잘 알지 못하는 국민은 충분히 극단적인 주장을 할 수 있지만 적어도 정치인과 법률가들은 그러한 요구가 불러일으킬 문제점을 미리 지적하고 방지할 의무가 있다. 우리가 지키고자 하는 자유민주주의는 국민이 원하는 것을 그때그때 바로 다 들어주며 법을 아무렇게나 고쳐가는 인민민주주의와 다르다.

독일은 제1차세계대전의 패전과 함께 제정(帝政)이 철폐되고 공화국으로 변모한다. 바이마르 지역에서 열린 바이마르 헌법을 기반으로 한 전간기 독일의 공화정은 흔히 바이마르 공화국으로 불린다. 히틀러와 나치당의 집권이라는 결말로 막을 내렸지만 바이마르 공화국의 헌법은 국민의 자유와 권리를 대폭적으로 보장하여 당대에도 가장 현대적인 헌법이라는 평가를 받았고, 현대 헌법에도 많은 영향을 미쳤다. 의원내각제를 기반으로 한 대의제 민주주의를 원칙으로 하고 있었지만 일부 직접민주주의적 요소도 헌법에 수용하였고, 정당설립의 자유와 정치활동의 자유를 폭넓게 보장하여 극좌정당인 공산당과 극우정당인 나치당이 같은 의사당에서 활동하는 진풍경을 보여주기도 하였다.

다양한 정치사상을 제한없이 인정하던 바이마르 공화국은 역설적이게도 그런 이유로 인하여 정치적 안정성을 보장받지 못했다.

의원내각제 정치체제의 특성상 특정 정당이 과반의 다수당이 되기 어려웠고, 바이마르 공화국의 경제적 불안정으로 인해 특정 정치세력이 지속적인 지지를 받기도 어려웠다. 반면 초기에는 극소수의 지지자만을 확보했던 극좌정당인 공산당과 극우정당인 나치당은 점차 의석수를 늘려나가며 영향력을 확대하기 시작하였고, 두 정당의 의석만으로 내각불신임이 가능해지고부터는 연립정부가 구성될 때마다 반복적으로 내각불신임을 의결하여 정부를 해산시켰다. 결국 1933년 1월 독일의 보수파 정치인들은 자신들에게 공산당보다는 가깝다고 느낀 나치당의 히틀러를 총리로 임명하여 내각불신임을 면할 수 있는 내각을 간신히 구성하였다.

그러나 히틀러는 총리에 임명된 이후 국회의사당 방화 사건이 발생한 것을 이용하여 함께 바이마르 공화국 내각을 줄기차게 불신임했던 공산당 의원들은 체포되고 탄압받았으며, 바이마르 공화국 의원들에 대한 지속적 겁박을 통해 바이마르 공화국의 입법권을 의회에서 행정부로 바꾸는 수권법을 1933년 3월 통과시켰다. 수권법의 통과와 함께 인류 역사상 그 어느 시대와 국가 중 정치적으로 가장 자유로웠던 바이마르 공화국은 사실상 사라지게 되었고, 1933년 11월 수권법에 의해 개정된 법률에 따라 나치당만이 단독출마 가능한 의회선거가 실시되고 나치당 일당독재가 확립되었다. 한편 수권법에 찬성하였던 정당들은 1934년까지 나치당에 의해 차례로 해산되었고, 히틀러의 총리 임명 1년 만에 독일에는 나치당 외의 정당이 하나도 남지 않게 되었다.

이와 같은 바이마르 공화국의 아픈 기억은 인류에게 민주주의 적에게 민주주의를 허용하는 것이, 자유의 적에게 자유를 허용하는 것이 얼마나 위험한 일인가를 알려주는 계기가 되었다. 결국 제2차 세계대전 이후 현대 민주국가의 헌법에는 바이마르 공화국 당시 나치당이나 공산당처럼 민주적 기본질서를 부정하고 일당독재를 추구하는 정치세력을 막기 위한 방어적 민주주의의 정신에 따라 위헌정당해산제도, 기본권 실효 제도와 같은 다양한 제도가 고안되었다.

지금 우리나라는 국민의 뜻이 언제나 무비판적으로 수용되기만 하면 곧 민주주의라는 잘못된 생각이 팽배해 있다. 그러나 아무리 좋은 명분으로 만들어지는 법도 법에 의한 통치로서 적절한 균형을 갖추지 못한다면 최악의 악법보다 못한 법이 될 수 있다. 아동 복지법 정서적 학대 처벌 조항이 그 대표적 사례라 할 수 있다. 아동을 보호하기 위해서는 무엇이든 할 수 있다는 생각이 오히려 아동을 보호하는 교사들을 마비시키고 학교 자체를 붕괴시키고 힘의 논리만 지배되는 세상으로 만든다. 자유민주주의와 법치주의는 아무리 선한 인간이라도 불완전한 인간에 의한 통치가 아니라 법이라는 시스템에 의한 통치를 목적으로 개발된 사상이다. 시스템에 의한 통치를 잃고 개별적 사례에 극단적으로 감정 이입하는 인간들에 의한 통치가 이뤄질 때 우리는 시스템이 주는 보호를 완전히 잃고 오직 강약의 논리만 적용되는 약육강식의 사회에 접어들게 된다.

아이들이 처음 세상을 만나고 처음 공권력을 만나고 처음 법치를 만나는 공간인 학교가 일진과 금쪽이들에 의해 지배되고, 일진과 금쪽이만을 보호하며 일진과 금쪽이들을 지도하려는 선생님에게는 평생 주홍글씨를 남기는 공간이라면, 평범한 아이들에게는 그곳이 바로 지옥일 것이다.

안타깝게도 현재 우리의 법은 우리의 학교를 바로 그 세상에 존재하는 지옥으로 변화시키고 있다.

촉법소년 학교폭력 피해자가
억울하게 맞폭 신고를 당하면 겪는 일

촉법소년은 만 10세에서 만 14세의 아동을 이야기한다. 촉법소년에 해당될 경우 형사처벌은 불가능하며, 소년법상의 보호처분만 가능하다. 그러나 소년법상 보호처분의 대상이 된다 하여도 소년법원이 사건을 직접 접수하는 것은 아니다 보니 우선 경찰이 신고를 받아 수사를 하게 된다.

최근 학교폭력 사건들의 경우 피해자가 학교폭력으로 학교나 경찰에 신고를 하면, 가해자가 누명을 씌워서라도 피해자를 맞폭으로 신고하는 것이 하나의 추세이다. 이렇게 학교와 경찰 모두에 신고를 하면 아무리 누명을 썼더라도 학교폭력예방법과 형법 그리고 소년법에 따른 절차를 모두 거쳐야 한다. 그 절차들을 정리하면 다음과 같다.

1. 맞폭 신고로 인한 학폭위 절차

학교폭력 가해자들은 요즘 유행처럼 맞폭 신고를 하는데 학폭 신고가 진술만으로 다뤄지는 경우가 많다 보니 맞폭 신고도 증거 하나 없이 명백한 허위 사실들을 가지고 하는 경우가 많다.

맞폭 신고시 명백한 허위라도 피해자는 학교의 학폭 전담기구에서 1차 조사를 받아야 한다. 2차로 학폭위에도 피해자이자 가해자로 출석해야 한다. 이 두 과정을 다 거쳐 가해자로서 불처분을 받아도, 여기서 끝이 나지 않는다.

2. 경찰서 수사

학교에 맞폭으로 신고한 가해자들은 많은 경우 허위의 사실로 자기도 피해자라며 경찰 신고도 병행한다. 그렇게 신고가 되면 피해자도 일단 피의자로 조사를 받아야 한다. 촉법소년이어도 소년법원이나 보호관찰소가 신고접수 기관이 아니기 때문에 일단 수사 자체는 경찰이 한다. 일반적으로 만 14세 이상이어서 촉법소년이 아니라면 경찰은 해당 사안이 무혐의로 판단되면 이 단계에서 무혐의 불송치로 사건을 종결할 수 있다. 그러나 우리나라 법상 촉법소년은 형사처벌이 안 되므로 경찰이 수사했어도 촉법소년의 경우에는 경찰에서 불송치 종결할 수 없다. 비록 경찰이 무혐의로 판단했어도 그 의견을 달아 수사기록과 함께 사건은 소년법원으로 무조건 송치된다.

3. 보호관찰소 조사

경찰이 가해자의 신고가 어이없이 황당해 무혐의로 봤어도 피해자가 촉법소년인 경우, 가해자의 허위신고 사건은 일단 무조건 가정법원 소년부로 송치된다. 물론 경찰이 무혐의 의견은 달아주지만 그래도 송치는 된다. 소년부로 송치되면 소년부 판사는 곧바로 보호관찰소에 조사를 명한다. 이렇게 소년법원의 명을 받은 보호관찰소는 피해학생을 다시 소환한다. 이미 학폭위와 경찰조사에서 만신창이가 된 피해학생은 이제 보호관찰소 조사관 앞에서 다시 사건을 처음부터 끝까지 이야기하며 조사를 받는다.

조사는 매뉴얼대로 이뤄지는데 보호관찰소의 조사는 경찰서의 수사와는 또 조금 다르다. 경찰서의 수사는 사건이 형법상 구성요건에 해당하는지만 물어보는 데 반해 보호관찰소의 조사는 부모가 돈을 얼마나 버는지, 부모 직업이 뭔지, 부모가 술을 자주 먹는지, 폭행의 습벽이 있는지, 음란물 등을 보는지, 폭력성이 있는지 등등을 닥치는 대로 물어본다. 피해학생은 가해자의 허위 맞폭 신고만으로 자신의 결백을 증명하기 위해 이렇게 세 번이나 조사를 당하지만 이것이 끝이 아니다.

4. 가정법원 소년부 법정

피해학생은 드디어 가정법원 소년부 법정에 선다. 다시금 판사님의 엄중한 목소리 아래에서 처음부터 사건을 되짚어 이야기하며 자신의 억울함을 이야기하고 결백함을 증명해야 한다. 이 모든 것을 다하고 나면 드디어 두세 줄짜리 불처분 결정문을 받는다. 이 과정을 거치며 만 10세에서 만 14세 촉법소년 나이인 피해학생은 사건을 처음부터 반추하며 마치 가해자인양 추궁을 당하는 것을 네 번 겪으며 자신의 결백함을 증명하고 억울함을 호소해야 한다.

학폭 신고를 당한 가해학생들이 변호사들의 조언을 받아 피해학생을 맞폭으로 신고하지 않을 이유가 없다. 이렇게 신고를 하면 피해학생도 가해자처럼 곤욕을 치르며 자신의 결백을 증명해야 하고, 가해자의 혐의를 입증하는 시간도 부족해진다. 반면 이렇게 4중에 걸쳐 진행되는 절차 동안 가해학생에 대한 처분은 점점 솜방망이 처분으로 약해진다. 아무래도 처벌보다는 교화를 목적으로 한다는 청소년 범죄나 학교폭력의 특징상 이들 절차의 단계마다 가해학생에 대한 처벌 강도는 약화되는 것이다.

특히 가해학생에 대한 소년법원 사건 진행의 경우 피해학생에게 그 절차의 진행과 결과 모두 전혀 통지되지 않는다. 가해학생은 피해학생이나 그 학부모의 목소리가 철저히 배제된 가운데 가해학생과 가해학생의 부모, 변호인의 도움을 받으며 자신이 저지른 잘못보다 훨씬 경한 처분을 받기 마련이다.

가해학생을 위해서는 4중의 보호를 해주고 피해학생에게는 4중의 고통을 주는 이 황당한 법제도는 모두 미성년자의 인권을 보호하고, 미성년자의 교화를 중시하는 아주 좋은 의도에서 구축되고 시행되고 있다.

4부

2024년 이후
변하는 법들
그리고 명백한 한계

학교폭력예방법 개정으로 변하는 것들

1. 학교폭력 정의에 사이버 학교폭력 추가

제2조(정의) 이 법에서 사용하는 용어의 정의는 다음 각 호와 같다. 〈개정 2009. 5. 8., 2012. 1. 26., 2012. 3. 21., 2021. 3. 23., 2023. 10. 24.〉

1. "학교폭력"이란 학교 내외에서 학생을 대상으로 발생한 상해, 폭행, 감금, 협박, 약취·유인, 명예훼손·모욕, 공갈, 강요·강제적인 심부름 및 성폭력, 따돌림, 사이버폭력 등에 의하여 신체·정신 또는 재산상의 피해를 수반하는 행위를 말한다.

1의2. "따돌림"이란 학교 내외에서 2명 이상의 학생들이 특정인이나 특정집단의 학생들을 대상으로 지속적이거나 반복적으로 신체적 또는 심리적 공격을 가하여 상대방이 고통을 느끼도록 하는 모든 행위를 말한다.

1의3. "사이버폭력"이란 정보통신망(「정보통신망 이용촉진 및 정보보호 등에 관한 법률」 제2조제1항제1호의 정보통신망을 말한다)을 이용하여 학생을 대상으로 발생한 따돌림과 그 밖에 신체·정신 또는 재산상의 피해를 수반하는 행위를 말한다.

2. "학교"란 「초·중등교육법」 제2조에 따른 초등학교·중학교·고등학교·특수학교 및 각종학교와 같은 법 제61조에 따라 운영하는 학교를 말한다.

3. "가해학생"이란 가해자 중에서 학교폭력을 행사하거나 그 행위에 가담한 학생을 말한다.

4. "피해학생"이란 학교폭력으로 인하여 피해를 입은 학생을 말한다.

5. "장애학생"이란 신체적·정신적·지적 장애 등으로 「장애인 등에 대한 특수교육법」 제15조에서 규정하는 특수교육이 필요한 학생을 말한다.

[시행일: 2024. 3. 1.] 제2조

최근 학교폭력에서 사이버 학교폭력이 차지하는 비중이 급증하고 있다. 이에 사이버 학교폭력을 학교폭력의 예시로 들고 이를 정의하는 내용이 추가되었다. 2024년 3월 이전에 시행되는 법에서는 사이버 따돌림만이 규정되어 있었으나 사이버 학교폭력이 추가됨으로써 단순한 따돌림이 아닌 사이버상의 폭력도 학교폭력으로 처분을 기대할 수 있게 되었다.

2. 학교폭력 대응 전문 교육기관 및 센터 운영

제6조의2(학교폭력 대응 전문교육기관 및 센터 운영 등) ① 국가는 학생 치유·회복을 위한 보호시설 운영, 연구 및 교육 등을 수행하는 전문교육기관을 설치·운영할 수 있다.

② 국가는 학교폭력의 효과적인 예방 및 대응을 위한 센터(이하 "학교폭력 예방센터"라 한다)를 지정·운영할 수 있다.

③ 제1항에 따른 전문교육기관의 설치·운영과 제2항에 따른 학교폭력 예방센터의 지정·운영에 관한 사항은 대통령령으로 정한다.

[본조신설 2023. 10. 24.]

[시행일: 2024. 3. 1.] 제6조의2

2013년 학교폭력피해자를 위한 국내 유일 피해자 전용 기숙학교인 해맑음센터가 대전에 개소했다. 학교폭력예방법이 생겼어도 법제도상 학급교체 수준의 가해자와 피해자 분리가 이뤄지지 않는 상황에서 피해자들이 전학 가거나 자퇴하지 않고 적을 유지하면서 가해자와 분리되어 학업을 이어가고 치유를 받을 수 있는 국내 유일의 공간이었다.

학교폭력이 발생하면 가해자가 분리되어야지 왜 피해자가 분리되는가에 대한 의문이 많이 있겠지만 교화를 목적으로 하는 우리나라의 학교폭력예방법은 가해자의 교육권을 아주 소중하게 여긴다. 이에 피해자 가족들의 단체인 학교폭력피해자가족협의회의 부모들이 지난 10년간 국내 유일의 학교폭력피해자 전용 기숙학교인 해맑음센터를 교육부로부터 위탁 운영해 왔다.

이후 학교폭력 피해자를 위한 위탁교육시설의 필요성이 대두되며 전국 각지의 가해자 교화센터에 피해자 위탁교육시설이 생겨났지만 개설 후 10년이 지난 지금까지도 피해자 전용 기숙 교육시설은 해맑음센터가 유일하다.

그러나 2023년 5월 해맑음센터는 센터가 있던 폐교의 안전진단 E등급이 나오며, 갑작스런 폐쇄의 길을 맞이하였고, 내가 자문을 맡고 있던 학교폭력피해자가족협의회와 나의 노력으로 9월에 겨우 충북 영동 첩첩산중 한가운데에서 재개관하였다. 이후 10월 학교폭력예방법이 개정되며 해맑음센터와 같은 피해자 보호 전문교육기관을 국가가 직접 운영할 수 있는 법적 근거를 마련하였다. 그러나 겨우 법적 근거만 마련되었을 뿐 학교폭력 피해자를 위한 제대로 된 시설과 인력을 확보할 예산안 등은 여전히 마련되지 못하고 있다.

법제도의 특성상 가해자를 제대로 분리하지 못하고 있다면 적어도 피해자가 전학, 자퇴, 극단적 선택의 방법으로 가해자와 분리되는 것을 선택하지 않도록 국가는 선택권을 마련해줄 수 있어야한다. 겨우 법적 근거를 만드는 정도를 넘어 실질적인 학교폭력 피해자를 위한 지원책이 마련되어야 한다.

3. 학교폭력 담당 교사의 면책 규정

제11조의4(학교폭력 업무 담당자에 대한 지원 및 면책) ① 학교의 장은 제14조제3항에 따른 책임교사의 활동을 지원하기 위하여 수업시간을 조정하는 등 필요한 조치를 하여야 한다.

② 교육부장관 및 교육감은 학교폭력 예방 및 대응 업무를 수행하는 교원의 활동을 지원하기 위하여 「교원의 지위 향상 및 교육활동 보호를 위한 특별법」 제14조의2에 따른 법률지원단을 통하여 학교폭력과 관련된 상담 및 민사소송이나 형사 고소·고발 등을 당한 경우 이에 대한 상담 등 필요한 법률서비스를 제공할 수 있다.

③ 학교의 장 및 교원이 학교폭력 예방 및 대응을 위하여 「초·중등교육법」 등 관계 법령에 따라 학생생활지도를 실시하는 경우

해당 학생생활지도가 관계 법령 및 학칙을 준수하여 이루어진 정당한 학교폭력 사건 처리 또는 학생생활지도에 해당하는 때에는 학교의 장 및 교원은 그로 인한 민사상·형사상 책임을 지지 아니한다.

[본조신설 2023. 10. 24.]

[시행일: 2024. 3. 1.] 제11조의4

학교폭력 업무를 담당하는 교원이 정당한 업무수행을 할 경우 민·형사상 책임을 지지 않는 내용이 법에 명시되었다. 그러나 이미 대법원은 판례에서 교사가 정당한 업무수행을 할 경우 정당행위로서 위법성이 없다는 판시를 하고 있다. 그럼에도 현재 학교에서 이러한 사태가 발생하고 있었던 것이기에 해당 개정 내용은 실제 실무에서 큰 차이를 발생시키지 않을 것이다.

다만 교육부와 행정안전부는 2023년 12월 합동으로 학교폭력 대책에 대해 발표하며, 2024년 3월부터 퇴직 경찰과 퇴직 교사를 '학교폭력 전담조사관'으로 임명하고, 1차적인 조사를 담당하도록 한 뒤 교육지원청에 '학교폭력사례회의'라는 전담기구를 신설해 학교폭력 전담조사관의 업무를 지원하겠다고 선언하였다. 충분한 법 개정을 통해 권한을 보장해 주지 않는다면 퇴직 경찰과 퇴직 교사로 구성될 학교폭력 전담조사관이 현재 교사들이 겪을 문제를 그대로 겪는 문제가 생길 수 있지만 교육과 수사 및 조사 업무의 분리를 위한 첫 번째 걸음이 이뤄졌다는 점, 교육지원청에 설치되는 학교폭력사례회의에 SPO와 변호사가 참여하여 학교폭력 전담조사관을 지원할 수 있도록 한 점 등에서 이전보다 크게 개선되었다고 평가할 수 있다.

4. 학교장 자체해결에 관계회복 프로그램 도입

제13조의2(학교의 장의 자체해결) ① 제13조제2항제4호 및 제5호에도 불구하고 다음 각 호에 모두 해당하는 경미한 학교폭력에 대하여 피해학생 및 그 보호자가 심의위원회의 개최를 원하지 아니하는 경우 학교의 장은 학교폭력 사건을 자체적으로 해결할 수 있다. 이 경우 학교의 장은 지체 없이 이를 심의위원회에 보고하여야 한다. 〈개정 2021. 3. 23., 2023. 10. 24.〉

1. 2주 이상의 신체적·정신적 치료가 필요한 진단서를 발급받지 않은 경우

2. 재산상 피해가 없는 경우 또는 재산상 피해가 즉각 복구되거나 복구 약속이 있는 경우

3. 학교폭력이 지속적이지 않은 경우

4. 학교폭력에 대한 신고, 진술, 자료제공 등에 대한 보복행위(정보통신망을 이용한 행위를 포함한다)가 아닌 경우

② 학교의 장은 제1항에 따라 사건을 해결하려는 경우 다음 각 호에 해당하는 절차를 모두 거쳐야 한다.

　1. 피해학생과 그 보호자의 심의위원회 개최 요구 의사의 서면 확인

　2. 학교폭력의 경중에 대한 제14조제3항에 따른 전담기구의 서면 확인 및 심의

③ 학교의 장은 제1항에 따른 경미한 학교폭력에 대하여 피해학생 및 그 보호자가 심의위원회의 개최를 원하는 경우 피해학생과 가해학생 사이의 관계회복을 위한 프로그램(이하 "관계회복 프로그램"이라 한다)을 권유할 수 있다. 〈신설 2023. 10. 24.〉

④ 국가 및 지방자치단체는 관계회복 프로그램의 개발·보급 및 운영을 위하여 필요한 경우 행정적·재정적 지원을 할 수 있다. 〈신설 2023. 10. 24.〉

⑤ 그 밖에 학교의 장이 학교폭력을 자체적으로 해결하는 데에 필요한 사항은 대통령령으로 정한다. 〈개정 2023. 10. 24.〉

[본조신설 2019. 8. 20.]

[시행일: 2024. 3. 1.] 제13조의2

　2020년 학교폭력예방법 개정으로 경미한 학교폭력에 대하여 학교장 종결처리 제도가 도입되었다. 그러나 학교장이 종결할 수 있

다는 것만 규정되어 있어 학교장이 종결을 하는 것으로 결정할 경우 가해자와 피해자의 관계는 그대로 방치될 수 있었다. 이에 학교장 종결 결정을 하려 해도 대부분 피해자들이 학폭위의 개최를 희망하여 결국 학폭위가 개최되는 문제가 반복되었다.

이번 개정법에서는 이러한 문제를 고려하여 학교장 종결처리가 될 경우 관계회복 프로그램이 작동될 수 있도록 하였다. 이를 통해 경미한 학교폭력의 경우 교육과 관계회복으로 해결될 수 있도록 도모할 수 있게 한 것이다. 만약 관계회복 프로그램이 잘 작동된다면 학교폭력의 문제에 있어 경미한 수준은 교육과 치유로, 범죄 수준의 경우에는 엄정한 처벌로 진행되는 것이 자리잡을 수 있을 것으로 기대된다.

5. 피해학생 보호 강화

제16조(피해학생의 보호) ① 심의위원회는 피해학생의 보호를 위하여 필요하다고 인정하는 때에는 피해학생에 대하여 다음 각 호의 어느 하나에 해당하는 조치(수 개의 조치를 동시에 부과하는 경우를 포함한다)를 할 것을 교육장(교육장이 없는 경우 제12조제1항에 따라 조례로 정한 기관의 장으로 한다. 이하 같다)에게 요청할 수 있다. 다만, 학교의 장은 학교폭력 사건을 인지한 경우 피해학생의 반대의사

등 대통령령으로 정하는 특별한 사정이 없으면 지체 없이 가해자 (교사를 포함한다)와 **피해학생을 분리하여야 하며, 피해학생이 긴급보호를 요청하는 경우에는 제1호부터 제3호까지 및 제6호의 조치를 할 수 있다. 이 경우 학교의 장은 심의위원회에 즉시 보고하여야 한다.** 〈개정 2012. 3. 21., 2017. 4. 18., 2019. 8. 20., 2020. 12. 22., 2021. 3. 23., 2023. 10. 24.〉

1. 학내외 전문가에 의한 심리상담 및 조언

2. 일시보호

3. 치료 및 치료를 위한 요양

4. 학급교체

5. 삭제 〈2012. 3. 21.〉

6. 그 밖에 피해학생의 보호를 위하여 필요한 조치

② 심의위원회는 제1항에 따른 조치를 요청하기 전에 피해학생 및 그 보호자에게 의견진술의 기회를 부여하는 등 적정한 절차를 거쳐야 한다. 〈신설 2012. 3. 21., 2019. 8. 20.〉

③ 제1항에 따른 요청이 있는 때에는 교육장은 피해학생의 보호자의 동의를 받아 7일 이내에 해당 조치를 하여야 한다. 〈개정 2012. 3. 21., 2019. 8. 20.〉

④ 제1항의 조치 등 보호가 필요한 학생에 대하여 학교의 장이 인정하는 경우 그 조치에 필요한 결석을 출석일수에 포함하여

계산할 수 있다. 〈개정 2012. 3. 21., 2021. 3. 23.〉

⑤ 학교의 장은 성적 등을 평가하는 경우 제3항에 따른 조치로 인하여 학생에게 불이익을 주지 아니하도록 노력하여야 한다. 〈개정 2012. 3. 21., 2021. 3. 23.〉

⑥ 피해학생이 전문단체나 전문가로부터 제1항제1호부터 제3호까지의 규정에 따른 상담 등을 받는 데에 사용되는 비용은 가해학생의 보호자가 부담하여야 한다. 다만, 피해학생의 신속한 치료를 위하여 학교의 장 또는 피해학생의 보호자가 원하는 경우에는 「학교안전사고 예방 및 보상에 관한 법률」 제15조에 따른 학교안전공제회 또는 시·도교육청이 부담하고 이에 대한 상환청구권을 행사할 수 있다. 〈개정 2012. 1. 26., 2012. 3. 21., 2021. 3. 23.〉

  1. 삭제 〈2012. 3. 21.〉

  2. 삭제 〈2012. 3. 21.〉

⑦ 학교의 장 또는 피해학생의 보호자는 필요한 경우 「학교안전사고 예방 및 보상에 관한 법률」 제34조의 공제급여를 학교안전공제회에 직접 청구할 수 있다. 〈신설 2012. 1. 26., 2012. 3. 21.〉

⑧ 피해학생의 보호 및 제6항에 따른 지원범위, 상환청구범위, 지급절차 등에 필요한 사항은 대통령령으로 정한다. 〈신설

2012. 3. 21., 2021. 3. 23.〉

[시행일: 2024. 3. 1.] 제16조

    기존까지 시행된 학교폭력예방법상 학폭위가 열리는 기간이 점점 늘어나고 있다. 처음 교육지원청으로 학폭위가 이관된 2020년 초만 해도 학폭 신고 이후 학폭위 개최까지 1개월 정도의 시간이 소요되었으나 2023년에는 최소 3개월의 시간이 소요되고 있다. 그러다 보니 학교폭력 피해학생이 학교폭력을 신고하고도 최소 3개월은 가해학생과 아무런 조치 없이 같은 학급에서 생활해야 하는 문제가 발생하고 있었다. 이에 학폭위 개최 이전에 피해학생을 보호하기 위한 조치를 강화해야 한다는 주문이 학교 현장으로부터 지속적으로 제기되어 왔다.

    이에 국회에서 학교폭력예방법을 개정하여 즉시분리 제도를 만들었으나 가해와 피해 여부를 따지지 않고 무조건 신고만으로 3일(2023년부터는 7일)간 즉시분리를 해봐야 이에 앙심을 품은 가해자가 피해자를 맞폭으로 신고하고 역시 피해자를 같은 기간 즉시분리토록 한 뒤 학폭위가 열리는 몇 개월간 같은 반에서 그대로 지내게 되는 문제는 반복되게 되었다.

    이에 2024년 3월 1일 시행되는 개정법에서는 학폭위가 열릴 때까지 피해학생이 요청하는 경우 학내외 심리상담 및 조언, 일시보호, 치료 및 치료를 위한 요양이 가능하도록 하였다(기존에는 학내외 심리상담 및 조언, 일시보호만 가능했다). 치료 및 치료를 위한 요양이 가능함으로써 이를 근거로 학폭위 개최 때까지 피해자가 원하면 치료를 위한 요양을 목적으로 가해자와 분리될 수 있게 된 것이다.

분명 이전의 법보다 진일보한 면이 있으나 여전히 왜 학교폭력 가해자가 아니라 피해자가 분리를 위해 피해야 하는가라는 비판은 남을 수 있는 개정이다.

6. 조력자 제도 신설

제16조의3(피해학생 지원 조력인) ① 교육감 또는 교육장은 피해학생 지원을 위하여 피해학생이 필요로 하는 법률, 상담, 보호 등을 위한 서비스 및 지원기관을 연계하는 조력인(이하 "피해학생 지원 조력인"이라 한다)을 지정할 수 있다.

② 교육감 또는 교육장은 피해학생 지원 조력인의 운영을 위한 행정적·재정적 지원을 하여야 한다.

③ 피해학생 지원 조력인의 지정 및 운영에 관한 사항은 대통령령으로 정한다.

학교폭력 사건이 발생한다면 가해자의 부모는 대부분 즉시 변호사를 선임한다. 요즘 학교폭력이 입시의 주요 요소로 작용하면서 학교폭력 시장의 규모는 급증하고 있는데* 대부분 가해자 대리와 관련되어 있다. 피해자와 학부모의 경우 여전히 학교와 교사 그리고 교육당국 등을 신뢰하고 있기 때문에 굳이 변호사를 선임해야 한다는 생각을 하지 못하는 경우가 많기 때문이다. 그러나 교사들은 아동복지법의 정서적 학대 조항에 따른 고소 및 수사 등이 두려워 제대로 학교폭력을 조사할 수 없는 상황이고, 학교와 교육당국 역시 법이 정한 대로 매우 기계적으로 학교폭력 업무를 수행하며 피해자에 대한 보호에 적극적으로 나서지 못하고 있다. 이에 반해 교육청 등에서 근무한 경험을 가지고 있는 학교폭력 전문변호사들의 적극적인 조력을 받는 가해자들은 적극적인 반박 증거 마련과 학교 및 교육당국의 절차적 위법성에 대한 날카로운 지적, 교사에 대한 봉쇄성 아동학대 고소 소송 등을 이어가며 적극적으로 가해자를 방어해 나간다.

결국 피해자들은 학교폭력대책심의위원회에서 도무지 이해할 수 없는 결과를 받아들고 그제서야 법률적 조력을 얻기 위해 변호

....

* 교육부의 발표에 따르면 학교폭력대책심의위원회 불복심판과 불복소송 건수는 2021년은 2020년보다 2배, 2022년은 2021년보다 2배 증가하여 지난 2년간 4배 증가하였다.

사를 찾는 경우가 대부분이다. 이러한 문제를 해결하기 위해 개정법은 조력자 제도를 신설하여 법률, 상담, 보호 등 학교폭력 피해자에 대한 조력을 국가가 제공할 수 있도록 하였다.

그러나 교육부의 발표를 보면 변호사들이 공익활동으로 무급 봉사를 하는 마을 변호사 제도 등을 조력인 제도에 활용하겠다 하는데 충분한 예산을 투입하지 않은 상태에서 지원되는 조력인 제도가 피해자와 그 부모에게 얼마나 도움이 될지는 의문이다. 그동안나는 방송 및 언론 등을 통해 학교폭력의 경우에도 성범죄자처럼피해자 국선 변호인 제도가 필요함을 강조해 왔는데 이번 조력인제도 도입이 결과적으로는 학교폭력 피해자 국선 변호인 제도의도입으로 이뤄지기를 간절히 소망한다.

7. 피해자에 대한 통지 제도의 도입

제17조의2(행정심판) ① 교육장이 제16조제1항 및 제17조제1항에따라 내린 조치에 대하여 이의가 있는 피해학생 또는 그 보호자는「행정심판법」에 따른 행정심판을 청구할 수 있다. 〈신설 2012. 3. 21., 2017. 11. 28., 2019. 8. 20.〉

② 교육장이 제17조제1항에 따라 내린 조치에 대하여 이의가 있는 가해학생 또는 그 보호자는 「행정심판법」에 따른 행정심판을청구할 수 있다. 〈개정 2012. 3. 21., 2017. 11. 28., 2019. 8.

20.〉

③ 행정심판위원회는 피해학생 또는 그 보호자 및 피·가해학생의 소속 학교에 제2항에 따른 행정심판의 청구 사실을 통지하고 「행정심판법」 제20조에 따른 심판참가에 관한 사항을 문서로 안내하여야 한다. 〈신설 2023. 10. 24.〉

④ 제1항 및 제2항에 따른 행정심판청구에 필요한 사항은 「행정심판법」을 준용한다. 〈개정 2019. 8. 20., 2023. 10. 24.〉

⑤ 삭제 〈2019. 8. 20.〉

⑥ 삭제 〈2019. 8. 20.〉

[본조신설 2012. 1. 26.]

[제목개정 2019. 8. 20.]

[시행일: 2024. 3. 1.] 제17조의2

제17조의3(행정소송) ① 교육장이 제16조제1항 및 제17조제1항에 따라 내린 조치에 대하여 이의가 있는 피해학생 또는 그 보호자는 「행정소송법」에 따른 행정소송을 제기할 수 있다.

② 교육장이 제17조제1항에 따라 내린 조치에 대하여 이의가 있는 가해학생 또는 그 보호자는 「행정소송법」에 따른 행정소송을 제기할 수 있다.

③ 교육장은 피·가해학생 또는 그 보호자 및 피·가해학생의 소속 학교에 제1항 및 제2항에 따른 행정소송의 제기 사실을 통지하고

「행정소송법」 제16조에 따른 소송참가에 관한 사항을 문서로 안내하여야 한다.

④ 제1항 및 제2항에 따른 행정소송 제기에 필요한 사항은 「행정소송법」을 준용한다.

[본조신설 2023. 10. 24.]

[시행일: 2024. 3. 1.] 제17조의3

기존의 학교폭력예방법은 학폭위 처분에 대한 불복 절차로서 행정심판만 규정하고 있었다. 그러다 보니 학교폭력 피해자가 극단적 선택 등으로 사망한 이후 피해자 유가족이 학폭위 처분에 대한 행정소송을 제기할 수 있는지에 대해 논쟁이 있었다. 이번 개정법에는 행정소송과 행정심판을 모두 규정하고, 불복소송과 불복심판의 청구인으로서 보호자를 명시적으로 적시하였다.

또한 기존의 학교폭력예방법에서는 가해자가 학폭위 처분에 대해 불복심판이나 불복소송을 제기해도 그 사실을 피해자가 알 방도가 없어 심판참가나 소송참가 등을 통해 가해자의 불복심판 또는 불복소송에 대해 피해자의 목소리가 반영되는 것이 사실상 불가능했다.

올봄 학교폭력에 대한 문제가 크게 사회적 관심을 받았을 때 이러한 법의 문제점을 지적하며 최소한 피해자에 대해 통지해 줄 필요가 있음을 알렸는데 다행히 이번 개정법에 그 내용이 포함되었다.

다만 여전히 학교폭력을 고소하였을 때 소년법원으로 송치되면 소년법원 송치 후의 진행사항이 피해자에게 통지되고 있지 못하다. 이것은 소년법이 개정되어야 가능한 일인데 소년법이 교육부 관할이 아니다 보니 교육부 단독으로 마련한 학교폭력 종합대책에서는 개정되지 못한 것으로 보인다.

이토록 피해자를 소외시키는 절차와 제도를 개선하는 추가 입법이 절실하다.

8. 가해자의 학폭위 처분 집행정지 청구 인용시 피해자 보호 방안 도입

제17조의4(집행정지) ① 행정심판위원회 및 법원이 제17조제1항에 따른 조치에 대하여「행정심판법」제30조 또는「행정소송법」제23조에 따른 집행정지 결정을 하려는 경우에는 피해학생 또는 그 보호자의 의견을 청취하여야 한다. 다만, 피해학생 또는 그 보호자가 의견진술의 기회를 포기한다는 뜻을 명백히 표시한 경우 등에는 의견청취를 아니할 수 있다.

② 교육감 또는 교육장은 행정심판위원회 또는 법원으로부터 집행정지 신청 사실 및 그 결과를 통보받은 경우 피해학생 또는 그 보

호자 및 피·가해학생의 소속 학교에 그 사실 및 결과를 통지하여야
한다.

③ 제17조제1항에 따른 조치에 대한 집행정지 신청이 인용된 경우,
피해학생 및 그 보호자는 학교의 장에게 가해학생과의 분리를 요청
할 수 있고, 학교의 장은 전담기구 심의를 거쳐 가해학생과 피해학
생을 분리하여야 한다.

④ 제1항에 따른 의견청취의 절차, 방법, 예외 등에 필요한 사항
은 「행정심판법」 제30조에 따른 집행정지의 경우에는 대통령령
으로 정하고, 「행정소송법」 제23조에 따른 집행정지의 경우에는
대법원규칙으로 정한다.

[본조신설 2023. 10. 24.]

[시행일: 2024. 3. 1.] 제17조의4

가해학생이나 그 학부모가 학폭위 처분을 우습게 생각하는 이유
는 가해학생이나 그 학부모가 학폭위 처분에 대한 불복심판이나
불복소송을 제기하며 집행정지를 신청하면 법원이 대부분 집행정
지를 인용해 주었기 때문이다. 실제 교육부 발표에 따르면 법원이
집행정지를 인용해 주는 비율은 60%에 달한다. 이렇게 집행정지
가 인용되고 나면 불복소송 등을 지연하며 가해학생이 졸업할 때
까지 학폭위 처분이 집행되지 않도록 하는 것이다.

이러한 법기술의 문제점에 대해 나는 올봄부터 무수히 지적을 해왔고 반드시 고쳐져야 하는 내용임을 알려왔다. 개정법에 따라 이처럼 가해자에 대한 학폭위 처분의 집행정지가 있을 때는 그 사실을 피해자에게 통지하고 피해자가 요청하는 경우 학교의 장은 가해학생과 피해학생을 분리해야 하게 되었다. 매우 고무적인 입법 결과라 할 수 있으나 가해학생과 피해학생의 분리법과 기간 등의 내용이 전혀 입법되지 않아 해당 법의 시행시 일선 현장의 혼란이 상당할 것이라 생각한다.

실제 교사의 교육활동과 관련한 고시 개정 이후 교사가 수업시간에 학생을 교실 밖으로 내보낼 수 있게 되었으나 그 학생이 밖에서 머물 공간과 그 공간을 운용할 예산 등이 전혀 반영되지 않아 교실 현장의 혼란은 더 심각해지고 있는데 본 법의 내용 역시 가해학생과 피해학생을 분리하여야 한다고만 되어 있지 어떤 방법으로 분리하고, 분리공간을 운용할 예산은 어떻게 마련하며, 기간은 어느 정도로 할지가 전혀 정해져 있지 않아 혼란이 야기될 것은 명약관화하다.

입법을 할 때 현장의 뜻을 반영하는 것도 중요하지만 그러한 입법이 실제 어떻게 실현되고 작용할지 고민하는 것이 중요한데 개정법은 그런 면에 있어서는 여전히 많이 미흡하다.

9. 가해자의 불복소송의 재판 지연 방지

제17조의5(재판기간에 관한 규정) 교육장이 제17조제1항에 따라 내린 조치에 대하여 이의가 있는 가해학생 또는 그 보호자가 「행정소송법」에 따른 행정소송을 제기한 경우 그 행정소송 사건의 재판은 다른 재판에 우선하여 신속히 하여야 하며, 그 판결의 선고는 제1심에서는 소가 제기된 날부터 90일 이내에, 제2심 및 제3심에서는 전심의 판결의 선고가 있은 날부터 각각 60일 이내에 하여야 한다.

가해자가 학폭위 처분을 집행정지하고 불복소송을 제기하여 재판을 지연시키며 졸업시까지 학폭위 처분의 집행을 무산시키는 사태를 방지하고자 판결이 나와야 하는 시한을 법으로 정하였다.

재판지연을 통한 학폭위 무력화 방지에서는 효과를 거둘 것으로 예상되나 문제는 기한에 쫓겨 충분한 심리가 이뤄지지 않을 수 있는 우려가 있는 개정이다.

교원지위법 개정으로 변하는 것들

1. 아동학대 수사시 교육감 의견 제출

제17조(아동학대 사안에 대한 교육감의 의견 제출) ① **교육감은 「유아교육법」 제21조의3제1항에 따른 교원의 정당한 유아생활지도 및 「초·중등교육법」 제20조의2제1항에 따른 교원의 정당한 학생생활지도 행위가 「아동학대범죄의 처벌 등에 관한 특례법」 제2조제4호에 따른 아동학대범죄로 신고되어 소속 교원에 대한 조사 또는 수사가 진행되는 경우에는 해당 시·도, 시·군·구(자치구를 말한다) 또는 수사기관에 해당 사안에 대한 의견을 신속히 제출하여야 한다.**

② **제1항에 따른 의견 제출의 기한, 방법, 절차 등에 필요한 사항은 대통령령으로 정한다.**

[본조신설 2023. 9. 27.]

[종전 제17조는 제29조로 이동 〈2023. 9. 27.〉]

[시행일: 2024. 3. 28.] 제17조

그동안 교사가 학부모에 의해 아동학대로 고소되는 경우 사실상의 유죄추정원칙이 적용되어 왔다. 이러한 유죄추정원칙의 적용에는 수사기관의 결정에 아동복지계열이라 할 수 있는 아동보호전문기관이나 지방자치단체의 아동복지 전담공무원의 의견만이 영향을 미칠 수 있는 아동학대처벌특례법 및 아동복지법의 구조에서부터 비롯되었다 볼 수 있다. 이에 이번 교원지위법 개정안에서는 아동학대 사건의 경우 교육감이 교육계를 대표하여 수사기관에 의견을 제출할 수 있는 절차를 필수적으로 마련하였다.

아동복지계열과 교육계열이 아동복지 문제에서 다른 의견을 가질 수 없는 것이지만 아동의 인권과 복지에 대해 다소 다른 시각에서 접근과 판단이 이뤄졌던 것은 부인할 수 없다. 그럼에도 아동복지계열의 의견만 일방적으로 반영되던 법제도에 의해 교육계열에 종사하는 교사들이 억울하게 아동학대범으로 내몰렸던 경우가 많았다.

이번 개정으로 아동학대 여부 판단에 있어 교육계의 의견이 반영될 수 있는 물꼬가 터졌지만, 여전히 아동복지계의 체계적이고 광범위한 조사권한 및 조사결과 제출권한에 비하면 여전히 상당히 부족하다 할 수 있다. 최소한의 균형을 위해서 아동복지계의 조사권한만큼의 조사와 의견제출 권한이 교육계에도 부여될 수 있도록 하여 아동학대 판단에 있어 편향적이고 극단적인 판단이 이어지는 것을 방지해 나가야 하겠다.

2. 교권보호위원회의 교육지원청 이관

제18조(교권보호위원회의 설치·운영) ① 「유아교육법」에 따른 유치원 및 「초·중등교육법」에 따른 학교(이하 "고등학교 이하 각급학교"라 한다) 교원의 교육활동 보호에 관한 다음 각 호의 사항을 심의하기 위하여 시·도 교육청에 교권보호위원회(이하 "시·도교권보호위원회"라 한다)를 둔다. 〈개정 2023. 9. 27.〉

1. 제15조에 따른 시행계획의 수립

2. 제2항에 따른 지역교권보호위원회에서 조정되지 아니한 분쟁의 조정

3. 그 밖에 교육감이 교원의 교육활동 보호를 위하여 시·도교권보호위원회의 심의가 필요하다고 인정하는 사항

② 고등학교 이하 각급학교 교원의 교육활동 보호에 관한 다음 각 호의 사항을 심의하기 위하여 「지방교육자치에 관한 법률」 제34조 및 「제주특별자치도 설치 및 국제자유도시 조성을 위한 특별법」 제80조에 따른 교육지원청(교육지원청이 없는 경우 해당 시·도의 조례로

정하는 기관으로 한다. 이하 같다)에 **지역교권보호위원회**(이하 "**지역교권**
보호위원회"라 한다)를 둔다. 〈개정 2023. 9. 27.〉

    1. 교육활동 침해 기준 마련 및 예방 대책 수립

    2. 제25조제2항 각 호에 따른 교육활동 침해학생에 대한 조치

    3. 제26조제2항 각 호에 따른 교육활동 침해 보호자 등에 대한
조치

    4. 교원의 교육활동과 관련된 분쟁의 조정

    5. 그 밖에 교육장이 교원의 교육활동 보호를 위하여 지역교
권보호위원회의 심의가 필요하다고 인정하는 사항

③ 그 밖에 시·도교권보호위원회와 지역교권보호위원회의 설
치·운영 등에 필요한 사항은 대통령령으로 정한다. 〈개정
2023. 9. 27.〉

[본조신설 2019. 4. 16.]

[제19조에서 이동, 종전 제18조는 제25조로 이동 〈2023. 9.
27.〉]

[시행일: 2024. 3. 28.] 제18조

그동안 교권보호위원회는 학교에 설치되어 있었다. 학부모의 무
분별한 교사대상 아동학대 고소에 대하여 유일하게 교사를 방어
할 수 있었던 교권보호위원회가 학교에 설치되어 있었다. 또한 교

장과 주로 학부모다 보니 학교의 일에 상시적으로 인지하기 힘든 교권보호위원장 및 교권보호위원이 교권보호위원회를 개최할 수 있었다 보니 교사의 교육활동침해 주장에 대해 교장이 묵살하면 교권보호위원회 자체가 개최되지 않는 일이 비일비재하게 발생하여 왔다.

이러한 폐단이 반복되는 것을 막기 위해 개정법은 학폭위처럼 교권보호위원회를 학교에서 교육지원청으로 이관하였다. 학폭위 역시 각 학교 단위에 있을 때보다 교육청으로 이관하며 절차적 위법성 문제도 다수 해소되고, 학폭위 개최 자체로 인한 분쟁도 감소한 것을 생각하면 교권보호위원회의 교육지원청 이관은 교육활동침해가 발생하였을 때 교권보호위원회를 여는 것조차 어렵던 현실을 개선하는 데 큰 도움이 될 것으로 보인다.

3. 교육활동 침해행위 정의 조항 신설

제19조(교육활동 침해행위) 이 법에서 "교육활동 침해행위"란 고등학교 이하 각급학교에 소속된 학생 또는 그 보호자(친권자, 후견인 및 그 밖에 법률에 따라 학생을 부양할 의무가 있는 자를 말한다. 이하 같다) 등이 교육활동 중인 교원에 대하여 다음 각 호의 어느 하나에 해당하는 행위를 하는 것을 말한다.

　　1. 다음 각 목의 어느 하나에 해당하는 범죄 행위

가. 「형법」제2편제8장(공무방해에 관한 죄), 제11장(무고의 죄), 제25장(상해와 폭행의 죄), 제30장(협박의 죄), 제33장(명예에 관한 죄), 제314조(업무방해) 또는 제42장(손괴의 죄)에 해당하는 범죄 행위

나. 「성폭력범죄의 처벌 등에 관한 특례법」제2조제1항에 따른 성폭력범죄 행위

다. 「정보통신망 이용촉진 및 정보보호 등에 관한 법률」제44조의7제1항에 따른 불법정보 유통 행위

라. 그 밖에 다른 법률에서 형사처벌 대상으로 규정한 범죄 행위로서 교원의 교육활동을 침해하는 행위

2. 교원의 교육활동을 부당하게 간섭하거나 제한하는 행위로서 다음 각 목의 어느 하나에 해당하는 행위

가. 목적이 정당하지 아니한 민원을 반복적으로 제기하는 행위

나. 교원의 법적 의무가 아닌 일을 지속적으로 강요하는 행위

다. 그 밖에 교육부장관이 정하여 고시하는 행위

[본조신설 2023. 9. 27.]

[종전 제19조는 제18조로 이동 〈2023. 9. 27.〉]

[시행일: 2024. 3. 28.] 제19조

개정 전의 교원지위법은 여러 가지로 학교폭력예방법보다 허술하였다. 대표적인 것이 교원지위법의 핵심이라 할 교육활동 침해행위에 대한 제대로 된 정의 조항 하나 존재하지 않았던 것이 대표적이다.

개정법에서는 드디어 교육활동 침해행위의 정의 조항이 생겼다. 특히 교육부장관이 정하여 고시하는 행위를 교육활동 침해행위의 하나로 포섭함으로써 새로운 형태의 교육활동 침해행위가 발생하였을 때 굳이 개정 입법을 하지 않아도 고시 변경만으로 이에 대한 처분을 내릴 수 있게 된 것도 앞으로 교육활동 침해행위를 막아내는 데 도움이 될 것으로 보인다.

4. 피해교원 보호조치 근거조항 신설

제20조(피해교원에 대한 보호조치 등) ① 고등학교 이하 각급학교의 지도·감독기관(국립의 고등학교 이하 각급학교의 경우에는 교육부장관, 공립·사립의 고등학교 이하 각급학교의 경우에는 교육감을 말한다. 이하 "관할청"이라 한다)과 그 학교의 장은 교육활동 침해행위 사실을 알게 된 경우 즉시 교육활동 침해행위로 피해를 입은 교원(이하 "피해교원"이라 한다)의 치유와 교권 회복에 필요한 다음 각 호의 조치(이하 "보호조치"라 한다)를 하여야 한다. 〈개정 2023. 9. 27.〉

1. 심리상담 및 조언

2. 치료 및 치료를 위한 요양

3. 그 밖에 치유와 교권 회복에 필요한 조치

② 관할청과 고등학교 이하 각급학교의 장은 교육활동 침해행위 사실을 알게 된 경우 교원의 반대의사 등 특별한 사유가 없으면 즉시 가해자와 피해교원을 분리(이하 "분리조치"라 한다)하여야 한다. 이 경우 분리조치된 가해자가 학생인 경우에는 별도의 교육방법을 마련·운영하여야 한다. 〈개정 2023. 9. 27.〉

③ 고등학교 이하 각급학교의 장은 제1항 또는 제2항에 따른 조치를 한 경우 지체 없이 관할청에 교육활동 침해행위의 내용과 조치 결과를 보고하여야 하며, 교육감은 대통령령으로 정하는 중대한 사항의 경우에 이를 교육부장관에게 즉시 보고하여야 한다. 〈개정 2019. 4. 16., 2019. 12. 10., 2023. 9. 27.〉

1. 삭제 〈2023. 9. 27.〉

2. 삭제 〈2023. 9. 27.〉

④ 제3항에 따라 보고받은 관할청은 교육활동 침해행위가 관계 법률의 형사처벌규정에 해당한다고 판단하면 관할 수사기관에 고발할 수 있다. 〈신설 2019. 4. 16., 2023. 9. 27.〉

⑤ 피해교원의 보호조치에 필요한 비용은 교육활동 침해행위를 한 학생의 보호자 등이 부담하여야 한다. 다만, 피해교원의 신속한 치료를 위하여 피해교원 또는 고등학교 이하 각급학교의 장이 원하는

경우에는 관할청이 부담하고 이에 대한 구상권을 행사할 수 있다. 〈신설 2019. 4. 16., 2023. 9. 27.〉

⑥ 제2항에 따른 특별한 사유 및 분리조치의 방법·기간·장소, 제5항에 따른 보호조치 비용부담 및 구상권의 범위·절차 등에 필요한 사항은 대통령령으로 정한다. 〈신설 2019. 4. 16., 2023. 9. 27.〉

[본조신설 2016. 2. 3.]

[제목개정 2023. 9. 27.]

[제15조에서 이동, 종전 제20조는 제33조로 이동 〈2023. 9. 27.〉]

[시행일: 2024. 3. 28.] 제20조

기존의 교원지위법은 피해교사에 대한 보호 규정조차 존재하지 않았다. 그러나 이번 개정법으로 피해교사에 대한 보호 규정이 새로이 신설되었다. 신설된 내용 중 특징적인 것은 교육활동 침해행위를 한 학부모에 대해 민·형사상 책임을 확실히 물을 수 있는 법적 근거가 생겨난 것이다.

이전에도 교육활동 침해행위가 있을 경우 이를 보고받은 교육청이 학부모를 수사의뢰할 수 있었으나 지난 3년간 전국에서 고작 13건의 수사의뢰가 있었고, 이는 지난 3년 교육활동 침해행위로 신고된 건의 0.2%에 불과한 정도로 교육청의 학부모에 대한 수사 의뢰는 사실상 존재하지 않았다 해도 과언이 아니다. 그에 비해 학교의 관리자들은 아동복지법상 아동학대 신고의무자로서 학부모들이 교사가 아동학대를 하였다고 민원을 제기하면 먼저 교사들을 적극적으로 아동학대로 신고하거나 고발해 왔다.

이번 개정법에는 교육청이 교육활동 침해행위에 대해 형사고발할 수 있음을 명시적으로 규정되었는 바, 교육청이 지난 3년간과는 달리 적극적으로 교육활동 침해행위에 대해 제재를 가할지는 2024년부터 개정법이 운용되어 봐야 알 수 있을 듯하다.

아울러 지금까지 교육활동 침해행위를 당한 피해교사는 그로 인한 정신적 고통이나 질환에 대한 치료를 순전히 자비로 해야만 했다. 물론 가해한 학부모 등에게 민사소송으로 배상청구를 할 수는 있었으나 그 법률비용 모두 자비로 해야만 했다. 개정법으로 피해교사의 그러한 피해에 대한 치유를 국가가 부담하고, 이를 가해 학부모 등에게 구상하여 민사상 책임을 물릴 수 있는 내용이 포함되었다. 분명 진일보한 면이 있으나 과연 법의 내용이 얼마나 현실에서 실현될지는 역시 두고 봐야 할 사항이다.

5. 법률지원단의 구성

제21조(법률지원단의 구성 및 운영) ① 교육감은 「학교폭력예방 및

대책에 관한 법률」 제2조제1호에 따른 학교폭력이 발생한 경우 또는 교육활동과 관련하여 분쟁이 발생한 경우에 해당 교원에게 법률 상담을 제공하기 위하여 변호사 등 법률전문가가 포함된 법률지원단을 구성·운영하여야 한다. 〈개정 2023. 9. 27.〉

② 제1항에 따른 법률지원단의 구성 및 운영에 필요한 사항은 교육부령 또는 시·도의 교육규칙으로 정한다.

[본조신설 2019. 4. 16.]

[제14조의2에서 이동, 종전 제21조는 제34조로 이동 〈2023. 9. 27.〉]

[시행일: 2024. 3. 28.] 제21조

그동안 박봉에 시달려 온 교사들은 변호사 비용 등을 지불하는 것도 부담이 되어 아동학대 고소 등을 받으면 변호사 조력없이 혼자 조사를 받다가 벌금 등 유죄를 받아 돌이킬 수 없는 피해를 받는 경우가 많았다. 이에 교사들이 억울하게 아동학대 등으로 고소를 당했을 때 법률비용 등을 지원해 줄 필요성이 야기되었고, 개정법은 그런 내용을 포함하였다.

문제는 서울시 교육청이 2024년부터 시행하겠다는 1학교 1변호사 지원만 해도 실질적인 조력이 가능할지 의심된다. 학교 1곳당 변호사 1명을 지정하여 교사들과 학교에 대한 법률자문을 지원하겠다는 것인데 발표된 예산안에 비추어 보면 1개월에 자문비용으로 약 20여 만 원을 지급할 계획이다. 그러나 이는 실질적 법률지원을 기대하기에는 턱없이 적은 금원이다. 더구나 변호사 양산 이후 저임금 계약직으로 채용했던 교육청 변호사들이 퇴사 후 학교 문제의 전문 변호사가 되어 학교와 교사들을 몰아넣은 것을 생각할 때 월 20만 원으로 학교와 교사들을 새로운 지옥으로 몰아넣을 새로운 전문 변호사들이 양성되는 문제가 생겨날 수 있다.

어떤 문제가 발생하고 나면 국가기관 등은 법률지원을 하겠다는 생색만 내고 턱없이 적은 예산을 편성하는 경우가 대부분이다. 현재 학교와 교육당국은 저출산 등의 영향으로 결코 예산이 부족한 상황이 아니며, 이러한 예산으로 1학생 1태블릿 제공과 같은 것을 시행하고 있다. 학교에 대한 물적 투자와 지원을 다소 줄이고 이러한 법률지원단 제공에서 적절한 처우를 제공할 수 있다면 학교와 교사를 위한 실효적인 법률 지원을 기대할 수 있을 것이다. 다른 곳은 없는 예산도 확보하여 문제를 해결하려 하는데 교육 분야는 왜 예산이 남아도는데도 더 절실하고 필요한 곳에 예산을 활용하지 않는지 이해가 되지 않을 때가 많다.

6. 교육활동 침해행위에 대한 처분 강화

제25조(교육활동 침해학생에 대한 조치 등) ① 고등학교 이하 각급

학교의 장은 소속 학생이 교육활동 침해행위를 한 사실을 알게 된 경우에는 지역교권보호위원회에 알려야 한다. 〈신설 2023. 9. 27.〉

② 지역교권보호위원회는 제1항 및 제28조에 따라 교육활동 침해행위 사실을 알게 된 경우에는 교육활동 침해행위를 한 학생(이하 "침해학생"이라 한다)에 대하여 다음 각 호의 어느 하나에 해당하는 조치를 할 것을 교육장에게 요청하여야 한다. 다만, 퇴학처분은 의무교육과정에 있는 학생에 대하여는 적용하지 아니한다. 〈개정 2019. 4. 16., 2023. 9. 27.〉

1. 학교에서의 봉사
2. 사회봉사
3. 학내외 전문가에 의한 특별교육 이수 또는 심리치료
4. 출석정지
5. 학급교체
6. 전학
7. 퇴학처분

③ 교육장은 제2항제4호부터 제6호까지의 조치를 받은 학생이 「학교폭력예방 및 대책에 관한 법률」 제17조제3항에 따라 교육감이 정한 기관에서 특별교육을 이수하거나 심리치료를 받도

록 하여야 한다. 다만, 제2항제6호에 따른 조치는 특별교육 또는 심리치료 전에 우선적으로 시행한다. 〈신설 2019. 4. 16., 2023. 9. 27.〉

④ 교육장은 제2항제1호 및 제2호의 조치를 받은 학생이 「학교폭력예방 및 대책에 관한 법률」 제17조제3항에 따라 교육감이 정한 기관에서 특별교육 또는 심리치료를 받게 할 수 있다. 〈신설 2019. 4. 16., 2023. 9. 27.〉

⑤ 교육장은 제2항부터 제4항까지의 규정에 따른 특별교육 또는 심리치료에 해당 학생의 보호자도 참여하게 하여야 한다. 이 경우 보호자는 학생과 함께 특별교육을 받아야 한다. 〈개정 2019. 4. 16., 2023. 9. 27.〉

⑥ 지역교권보호위원회는 제2항 각 호의 어느 하나에 해당하는 조치를 교육장에게 요청하기 전에 해당 학생이나 보호자에게 의견을 진술할 기회를 주는 등 적정한 절차를 거쳐야 한다. 〈신설 2019. 4. 16., 2023. 9. 27.〉

⑦ 교육장은 제2항에 따른 요청을 받은 날부터 14일 이내에 해당 조치를 하여야 한다. 이 경우 고등학교 이하 각급학교의 장은 조치의 이행에 협조하여야 한다. 〈개정 2023. 9. 27.〉

⑧ 교육장은 제2항에 따른 조치를 한 때에는 침해학생과 그 보호자에게 이를 통지하여야 하며, 침해학생이 해당 조치를 거부

하거나 회피하는 때에는 지역교권보호위원회는 제2항제4호부터 제7호까지의 조치를 가중하여 교육장에게 요청할 수 있다. 〈신설 2023. 9. 27.〉

⑨ 침해학생이 제2항제1호부터 제3호까지의 규정에 따른 조치를 받은 경우 또는 제3항 및 제4항에 따른 특별교육 및 심리치료를 받은 경우 이와 관련된 결석은 학교의 장이 인정하는 때에는 이를 출석일수에 산입할 수 있다. 〈신설 2019. 4. 16., 2023. 9. 27.〉

⑩ 제2항에 따라 교육장이 한 조치에 대하여 이의가 있는 학생 또는 그 보호자는 「행정심판법」에서 정하는 바에 따라 행정심판을 청구할 수 있다. 〈개정 2023. 9. 27.〉

⑪ 그 밖에 조치별 적용 기준 및 절차 등에 필요한 사항은 대통령령으로 정한다. 〈신설 2019. 4. 16., 2023. 9. 27.〉

[본조신설 2016. 2. 3.]

[제목개정 2019. 4. 16., 2023. 9. 27.]

[제18조에서 이동 〈2023. 9. 27.〉]

[시행일: 2024. 3. 28.] 제25조

제26조(교육활동 침해 보호자 등에 대한 조치) ① 고등학교 이하 각급학교의 장은 소속 학생의 보호자 등이 교육활동 침해행위를 한 사실을 알게 된 경우에는 지역교권보호위원회에 알려야 한다.

② 지역교권보호위원회는 제1항 및 제28조에 따라 교육활동 침해행위 사실을 알게 된 경우에는 교육활동 침해행위를 한 보호자 등에 대하여 다음 각 호의 어느 하나에 해당하는 조치를 할 것을 교육장에게 요청할 수 있다.

  1. 서면사과 및 재발방지 서약

  2. 교육감이 정하는 기관에서의 특별교육 이수 또는 심리치료

③ 지역교권보호위원회는 제2항 각 호의 어느 하나에 해당하는 조치를 교육장에게 요청하기 전에 해당 보호자 등에게 의견을 진술할 기회를 주는 등 적정한 절차를 거쳐야 한다.

④ 교육장은 제2항에 따른 요청을 받은 날부터 14일 이내에 해당 조치를 하여야 한다.

[본조신설 2023. 9. 27.]

[시행일: 2024. 3. 28.] 제26조

초등학교에서의 교육활동 침해행위는 학부모가, 중·고등학교의 교육활동 침해행위는 학생이 하는 경우가 일반적이었다. 그러나 기존의 교원지위법은 학생에 대한 처분만을 규정하여, 교육활동 침해는 학부모가 하였는데 처분은 학생이 받는 기괴한 일이 다수 발생하였다.

개정법은 이러한 맹점을 개선하기 위해 교육활동 침해행위에 대

해 학생뿐만 아니라 학부모에게도 일정한 처분이 이뤄질 수 있도록 하였다. 또한 교권보호위원회의 절차에 대해서도 보다 구체적으로 규정함으로써 교권보호위원회 처분이 절차적 위법성으로 취소될 위험성을 최소화하였다.

7. 교장 등 관리자 의무 강화

제27조(교육활동 침해행위의 축소·은폐 금지 등) ① 고등학교 이하 각급학교의 장은 교육활동 침해행위를 축소하거나 은폐해서는 아니 된다. 〈개정 2019. 4. 16., 2023. 9. 27.〉

② 관할청은 제20조제3항에 따라 보고받은 자료를 해당 학교 또는 해당 학교의 장에 대한 업무 평가 등에 부정적인 자료로 사용해서는 아니 된다. 〈개정 2019. 4. 16., 2023. 9. 27.〉

③ 교육감은 관할 구역에서 교육활동 침해행위가 발생한 때에 해당 학교의 장 또는 소속 교원이 그 경과 및 결과를 보고하면서 축소 또는 은폐를 시도한 경우에는 「교육공무원법」 제50조 및 「사립학교법」 제62조에 따른 징계위원회에 징계의결을 요구하여야 한다. 〈신설 2023. 9. 27.〉

[본조신설 2016. 2. 3.]

[제16조에서 이동 〈2023. 9. 27.〉]

[시행일: 2024. 3. 28.] 제27조

제28조(교육활동 침해행위에 대한 신고의무) ① 교육활동 침해행위를 보거나 그 사실을 알게 된 자는 학교 등 관계 기관에 이를 즉시 신고하여야 한다.

② 제1항에 따라 신고를 받은 기관은 이를 침해학생 및 그 보호자 등과 소속 학교의 장에게 통보하여야 한다.

③ 제2항에 따라 통보를 받은 소속 학교의 장은 이를 지역교권보호위원회에 지체 없이 알려야 한다.

④ 누구든지 제1항에 따라 교육활동 침해행위를 신고한 사람에게 그 신고행위를 이유로 불이익을 주어서는 아니 된다.

[본조신설 2023. 9. 27.]

[시행일: 2024. 3. 28.] 제28조

교사가 아동학대라고 부모가 주장하며 학교에 민원을 제기할 경우 학교의 관리자들은 일방적으로 학부모 입장에서 교사들을 힐난하는 경우가 대부분이었다. 물론 사안을 살펴 교사의 아동학대가 아닌 것이 분명할 경우 학부모에게 그러한 행위는 교육활동 침해행위라는 것을 분명히 알린 경우도 있으나 그럴 경우 교장까지 함께 아동학대로 고소를 당하며 고초를 겪곤 하였다.

그러나 대부분의 경우 학교의 관리자인 교장과 교감은 일방적으로 학부모의 편에서 교사의 휴직 등을 종용하기도 했다. 실제 극단적 선택을 시도하였다 살아난 교사를 찾아와 질병휴직을 하지 않으면 직권휴직을 시키겠다고 협박한 교장선생님의 경우도 있었고, 교사의 요청에도 불구하고 학교에 설치된 교권보호위원회를 개최하지 않는 경우도 부지기수였다.

해당 조문들은 그러한 교장·교감들의 행태를 규제하는 조항이다. 학교의 장은 교육활동 침해행위를 은폐할 수 없도록 하였고, 학교폭력이나 아동학대처럼 교육활동 침해행위에 대하여도 신고 의무를 부과하였다. 학교 현장에서 거의 일방적으로 무시당하던 교육활동 침해행위를 다소 중하게 다룰 계기를 마련해 주었다 할 수 있다.

그러나 이러한 법 개정으로 그칠 것이 아니라, 교장이 교육활동 침해행위를 은폐하려 하거나 교사의 요청에도 불구하고 교육활동 침해행위 신고와 보고 등을 게을리할 경우 형법상 직무유기죄로 엄정히 처벌함으로써 교장 및 교감 등 관리자들이 교사들을 보다 적극적으로 보호할 수 있도록 해야 하겠다.

5부

더 이상의
학교 붕괴를
막고자 한다면

교육은 교사에게 조사는 경찰에게

2012년 학교폭력예방법이 개정된 이후 지금까지 교사가 학교폭력의 1차 조사를 맡는 것은 변화하지 않았다. 그러나 교사는 학교폭력 사건 조사에 있어 아무런 법적 권한이 없다. 경찰 등 수사기관은 강제수사권이 있는 반면 교사에게는 이러한 권한이 없다. 따라서 교사의 조사에 대해 학교폭력 가해자와 피해자 모두 불만이 생기고, 조사에 있어 합법적 절차를 마련하기조차 힘들다.

우리 법에서 행정부가 사안에 대해 조사를 할 권한을 부여하면서 이토록 그 권한을 담보할 제도를 하나도 마련하지 않은 경우를 살펴보기 힘들다. 예컨대 공정거래위원회의 조사관들은 임의조사를 하지만 기업들은 이러한 조사에 모두 응한다. 그것은 바로 아래의 공정거래법상 규정 때문이다.

"제124조(벌칙) ① 다음 각 호의 어느 하나에 해당하는 자는 3년 이하의 징역 또는 2억원 이하의 벌금에 처한다.

13. 제81조제2항에 따른 조사 시 폭언·폭행, 고의적인 현장 진입 저지·지연 등을 통하여 조사를 거부·방해 또는 기피 한 자"

이러한 조사방해 규정이 있기에 공정거래위원회의 조사가 실효성을 지니게 되는 것이다. 현재 학교폭력 현장에서 교사의 조사 행위에 대한 방해가 있다 하여 이를 규제할 규정이 전무한 실정이다. 기껏해야 교권보호위원회 제도가 마련되어 있지만 이 또한 행정법상 처분에 머무르는 경우가 대부분이라 실질적으로 교사의 권한이 제대로 실현되는 것을 보장해 주지 못하고 있다.

그나마 2023년 12월 교육부와 행정안전부가 합동으로 학교폭력 대책을 발표하며 2024년 3월부터는 퇴직 경찰과 퇴직 교사를 학교폭력 전담조사관으로 임명하고, 1차적인 조사를 담당하도록 한 뒤 교육지원청에 학교폭력사례회의라는 전담기구를 신설해 학교폭력 전담조사관의 업무를 지원하겠다고 선언하였다.

조사와 수사 등에 있어 전문성이 거의 없는 교사에게 학교폭력에 대한 조사를 맡겨서 생기는 문제는 퇴직 경찰 등 학교폭력 전담조사관이 조사 업무를 수행한다면 다소 해소될 수 있을지 모른다. 그러나 법 개정이 수반되지 않은 대책이다 보니 이번에는 학교폭력 전담조사관이 학교폭력 조사를 이유로 가해학생과 그 학부모로부터 아동학대 고소를 당할 위험이 생길 수 있다. 새로 도입될 학교폭력 전담조사관의 권한을 담보할 규정이 전무하기 때문이다.

사실 수사기관 측에서 이러한 학교폭력 업무를 수행하는 자의 공무를 방해하는 행위를 공무집행방해로 적극적으로 처벌해 준다면 학교폭력을 조사했다는 이유로 아동학대범이 되는 비극을 줄일 수 있겠지만 안타깝게도 아직 경찰은 학교폭력을 조사하는 교사 등의 공무를 방해하는 행위에 대해 공무집행방해를 적용해 적극적으로 처벌하고 있지 못하다.

따라서 수사기관의 태도가 변경되지 않는 한 공정거래법의 조사방해죄와 같은 죄명을 새로이 추가하여 학교폭력 전담조사관의 조사권한을 담보해 줄 필요가 있다. 또한 종국적으로는 비교적 쉽게 무력화가 가능한 행정법적 처분이 아니라 형사처벌이나 소년법상 보호처분으로 학교폭력 문제를 일원화시켜 다룰 필요가 있어 보인다.

즉 교사와 학교는 가해학생의 교화와 교육, 피해학생의 보호와 치유라는 본연의 전문적 업무에 치중하도록 하고 SPO 등 경찰이 직접 학교폭력 사안에 대해 수사하고 형사법원 또는 소년법원이 이에 대한 판단을 내리는 방식으로 하는 것이다. 실제 학폭위 처분이 집행정지와 불복심판 및 불복소송 등으로 무력화되면서 현재 현장에서 범죄 수준의 학교폭력은 형사고소까지 진행하는 것이 상례가 되어버렸다. 어차피 학폭위와 수사기관 또는 법원의 판단을 이중으로 받는 것이 상례가 되어버렸다면 기존에 존재하던 수사기관 또는 법원의 판단을 받는 것으로 일원화하는 것이 보다 효율적이고 절차를 단축할 수 있으며, 학교가 무의미한 법률 분쟁을 대비하고 대응하는 장소로 변모하는 것을 막을 수 있으리라 생각한다.

과거 의약분업 당시 '진료는 의사에게 약은 약사에게'라는 구호가 전국민적 공감을 이끌어낸 바 있다. 교사는 교육에 있어 전문직으로 양성된 사람들이지 결코 수사나 조사, 법적 분쟁을 위해 양성된 사람들이 아니다. 그런 점에서, '교육은 교사에게 조사는 경찰에게'라는 구호의 현실화가 필요하다.

아동복지법 정서적 학대 처벌 조항의 개정

현재 학교의 붕괴는 아동복지법 정서적 학대 처벌 조항이 너무 광범위하게 적용된 것이 가장 큰 이유였다. 교사와 학부모의 관계에서 학부모 측에 걸면 걸리는 수준의 너무도 강력한 비대칭 무기인 아동복지법 정서적 학대 처벌 조항이 생기는데 고소를 자제하라고 해봐야 교사에 대한 무차별 고소가 줄어들 리가 없다. 학부모에게는 자녀의 입시를 유리하게 할 유인이 있고, 학교와 관련된 변호사들에게는 시장을 키울 유인이 있는데 캠페인성으로 화해와 치유를 외쳐봐야 효과를 보기 어렵다.

그렇다면 과도하게 처벌되고 있는 아동복지법 정서적 처벌 학대 조항의 가벌성의 범위를 축소하는 법원의 판단이 있어야 하는데 그것은 또 이전에 처벌된 자들과의 형평성 문제가 생기므로 법원이 기존의 입장을 갑자기 바꿔 가벌성의 범위를 축소하기도 어렵다.

　결국 애초 입법취지와 무관하게 너무도 광범위하게 처벌범위가 확장된 아동복지법 정서적 학대 처벌 조항의 가벌성 범위를 법원이 줄일 명분을 주어야 하는데 그것은 입법을 통해 아동복지법 정서적 학대 조항의 구성요건을 조정하는 방법밖에 없다.

　현재 우리 대법원은 "초·중등교육법령에 따르면 교사는 학교장의 위임을 받아 교육상 필요하다고 인정할 때에는 징계를 할 수 있고 징계를 하지 않는 경우에는 그 밖의 방법으로 지도를 할 수 있는데, 그 지도에 있어서는 교육상 불가피한 경우에만 신체적 고통을 가하는 방법인 이른바 체벌로 할 수 있고 그 외의 경우에는 훈육, 훈계의 방법만이 허용되어 있는바"라고 판시하며(대법원 2004. 6. 10. 선고 2001도5380 판결), 교사의 정당한 훈육행위를 정당행위라 하여 일관되게 위법성을 인정하지 않고 있었다.

　문제는 이러한 법원의 판단 기준이 일관되지 않다 보니 교육 현장에서는 칭찬스티커를 발부하는 것이나 학교폭력을 조사하는 행위, 일반적인 생활지도 행위까지도 아동학대의 혐의로 수사받는 사례가 발생하고 있는 점이다. 특히 구성요건의 명확성이 낮은 아동복지법 제17조 제5호 정서적 학대 조항을 적용하는 경우 그러한 문제는 더욱 심각하다.

　이에 교사에게 아동복지법 제17조 제5호 정서적 학대 조항의 구성요건을 보다 명확히 하거나, 범죄 구성요건에 '오로지 학대의 목적으로'와 같은 목적 요건을 신설하여 명백한 훈육행위임에도 학대가 아님을 수사나 형사재판을 통해 입증해야 하는 어려움이 생기지 않도록 할 필요가 있다. 이러한 개정을 한다면 법원은 개정법에 강화되거나 구체화된 구성요건 요소를 고려하여 비상식적으로 처벌범위를 넓혀 온 기존의 판례를 바꿀 명분을 얻게 될 것이고, 그 결과 법원에서 아동복지법 정서적 학대 조항의 가벌성의 범위가 축소되면 아예 완전히 형해화된 교사의 생활지도행위와 훈육행위가 정상적 범위에서 다시 가능하게 될 것이다.

　아동복지법 정서적 학대 조항의 입법이 지난한 입법투쟁 과정을 거친 것을 생각한다면 아동복지계가 스스로 이 조항의 개정을 통한 축소를 동의하기는 어려울 것이며, 아동의 인권이라는 숭고한 가치에 대해 감히 의문을 제기하기도 힘든 사회적 분위기상 국회가 직접 나서서 개정 입법을 하기도 쉽지 않을 것이다. 이에 아동복지법 정서적 학대 처벌 조항의 무분별한 가벌성 확대가 교사의 교육활동을 심대하게 제한하여, 역설적으로 금쪽이와 일진들이 아닌 평범한 아동의 인권 침해에 영향을 준다는 사실을 지속적으로 알려야 한다. 또한 아동복지법 정서적 학대 처벌 조항의 위헌성을 따져 묻는 헌법소원도 새로이 제기하여 개정 입법의 필요성을 헌법재판소로부터 인정받는 시도를 이어가는 것도 필요하다.

그러나 무엇보다 중요한 것은 아무리 아동인권과 같은 숭고한 가치를 추구한다 하여도 양날의 검처럼 작용하는 법조문이 균형성을 잃을 경우 오히려 그 가치가 훼손될 수 있음을 국민 모두가 깨달아야 할 것이다.

물적 여건보다 인적 환경을
더욱 중시하는 교육 개혁

최근의 학교는 과거 기성세대들이 다니던 학교와 많은 것이 달라졌다. 반마다 스마트 칠판이 설치되어 있고, 아이들은 태블릿 컴퓨터를 한 대씩 가지고 있으며, 급식실과 도서관, 과학실 등은 모두 최첨단 장비와 쾌적한 환경으로 구성되어 있다. 아직 대다수까지는 아니지만 많은 학교의 운동장에는 잔디가 깔려 있고 냉난방 시설이나 화장실도 쾌적하게 구비되어 있다.

모두 우리나라가 선진화되어 가는 과정에서 얻은 성과라 할 수 있지만 초현대식으로 변한 학교에서 우리의 교육은 오히려 후퇴하고 있다. 콩나물시루나 19세기 교실이란 이름으로 상징되던 교실의 물적 여건을 변화시키는 것이 학교를 선진화하고 개선하는 것이란 믿음이 변하지 않았다 보니 하드웨어에만 집착하고, 소프트웨어를 개선하고 발전시키는 것에 소홀히 해온 것이다.

학교의 소프트웨어는 교육이며, 교육의 주체는 교사이다. 이들 교사에 대한 처우는 다른 프라이빗 섹터의 눈부신 증가에 비하여 크게 뒤처지는 수준이고, 심지어 비슷한 처우를 받던 공공 영역의 종사자들보다도 낮다. 2023년 10월 교사들과 대통령이 만난 자리에서 담임수당 50%, 보직수당 2배 인상이 발표되었는데, 현재 담임수당이 월 13만 원, 보직수당이 월 7만 원 수준인 것을 고려할 때 담임수당은 월 6만 5천 원, 보직수당은 월 7만 원 더 상승할 뿐이다. 담임이나 학교폭력을 전담하는 보직을 맡음으로써 얻을 수 있는 처우 개선이 이 정도 이뤄진다 하여 저년차 교사 등에게 집중적으로 담임이나 학교폭력을 전담하는 보직을 맡기는 풍조가 개선될 소지는 크지 않아 보인다.

현재의 법제도에서 담임이나 학교폭력 등 생활지도를 전담하는 보직의 교사는 교육이나 생활지도에만 그치는 것이 아니라 기초적인 사실조사, 심리상담, 초기 법적 판단 등의 업무까지 맡고 있는 관계로 과거 학교의 업무가 법제화되기 전의 시절보다 더 높은 수준의 전문성을 요구받고 있는 실정이다. 따라서 이러한 부분에 대해 전문성을 향상시키기 위한 충분한 교육과 연수를 제공하고,

보다 전문적인 사람들이 업무를 수행할 유인이 생기도록 급여 등의 처우도 개선할 필요가 있다.

더불어 사법시험과 법학전문대학원 제도 병행으로 일시적으로 변호사가 급증하던 시기에 6급 계약직으로 변호사를 채용하던 교육청이나 교육지원청의 관례도 개선될 필요가 있다. 변호사 수 일시적 급증기에는 월 300만 원도 되지 않는 6급 계약직 변호사 채용으로도 원하는 만큼의 변호사를 채용할 수 있었으나 현재 교육청 변호사 채용은 5급 계약직으로 공고를 내도 미달되는 경우가 많다. 또한 어렵게 채용이 되어도 학교나 교사들과의 법률적 분쟁에 대응할 수준의 실력과 경력을 쌓으면 민간 로펌에서 학교 관련 법 문제에 대한 일종의 전관 변호사로 대우하며 교육청이나 교육지원청에서 근무할 때와는 비교할 수 없는 급여로 스카우트 제의를 하는 경우가 많다. 교육청이나 교육지원청 소속 변호사들이 사명감을 가지고 일하려 해도 너무도 큰 처우의 격차를 고려하면 이들이 민간 로펌으로 이직하는 것을 마냥 비난만 할 수는 없는 일이다. 결국 교육당국은 변호사에 대한 낮은 처우를 유지함으로써 국민의 세금으로 학교와 교사 그리고 피해학생들을 법적으로 몰아세울 수 있는 변호사들을 대량으로 훈련해 법률시장에 공급하는 역할을 하고 있다 해도 과언이 아니다. 교육당국이 학교 현장의 법제화와 법률시장화 속에 보다 적극적으로 교사를 보호하고 학교를 지키고자 한다면 변호사들이 소속감과 사명감을 가지고 일할 수 있도록 정규직에 적절한 처우를 보장하며 변호사를 채용하는 태도 변화를 보여야 할 것이다.

　상담 및 치유 인력도 마찬가지이다. 현재 각급 학교에는 상담교사들이 존재하기는 하지만 현재 학교 현장에서 발생하는 다양한 갈등을 소화하기에는 현저히 부족한 수준이다. 상담과 치유가 궁극적인 해결책이라 하면서 상담과 치유를 위한 충분한 예산 지원과 인적 인프라 구축을 외면하는 것이 현재 학교 붕괴의 문제를 더 심각하게 만들고 있다. 상담 및 치유에 필요한 인재풀을 충분히 확보하고 학교마다 공급함으로써 교내에서 발생하는 학생들 간 또는 교사와 학생 간, 교사와 학부모 간의 갈등을 줄일 수 있게 노력해야 할 것이다.

　이렇게 이야기하면 예산이 부족하기에 불가능한 요구라고 말할 수 있다. 그러나 현재 우리나라의 학교는 학생 한 명당 한 대당 백만 원 상당의 태블릿 PC를 제공할 수 있을 정도로 풍족하다. 수십조 원에 달하는 지방교육재정교부금 같은 예산도 있다. 저출산으로 인해 사실 교육 예산은 다른 예산에 비해 여유로운 편이다. 이 여유로운 예산으로 이미 초현대식 시설로 바뀐 학교를 방학마다 공사판으로 바꿀 것이 아니라 학교의 교육을 채울 소프트웨어인

인적 자원에 대한 투자로 변화시키는 발상의 전환을 하여야 한다.

　아무리 시설이 좋아지면 무엇을 하겠는가? 그 좋은 시설이 일상을 지옥으로 살아가는 학생과 교사들로 가득 채워진다면 그 좋은 시설들이 무슨 소용이 있겠는가? 지금이라도 시설이 아닌 사람을 중심으로, 하드웨어가 아닌 소프트웨어를 중심으로 하는 학교로 우리의 학교들을 변화시켜야 한다.

뜨거운 감자 학교폭력의
생활기록부 기재 해결법

학교가 소송으로 얼룩지기 시작한 가장 큰 이유는 2012년 학교
폭력예방법 개정으로 학폭위 처분이 10년간 생활기록부에 기재된
것과 이 시점부터 공교롭게 생활기록부 중심의 수시전형이 확대
되기 시작했기 때문이다.

우리나라 입시제도는 1994년에 한 번, 그리고 2010년대에 또
한 번 크게 변화하였다. 1994년 대학수학능력시험이 도입되며 성
실성과 암기력을 테스트받는 학력고사형 인재에서 수학능력이라
는 적성과 재능이 강조되는 수능형 인재로 선발대상이 변화하였
다. 이후 노무현 정부 때인 2008년 입학사정관제가 도입되며 수
시제도가 확대되기 시작하였다. 내신 성적을 비롯한 각종 특기 및
외부 수상내역 등이 반영되어 평가되는 입학사정관제는 보수 정

부인 이명박 정부와 박근혜 정부에서도 확대되었고, 급기야 박근혜 정부 때인 2015년 학생부종합전형이란 이름으로 바뀌며 외부 수상내역이나 경력은 대부분 블라인드되고 내신성적과 교내대회 수상경력 등이 강조되는 형태로 변화하였다.

시험 한 번의 성공을 노리는 과거 학력고사나 수능시험 중심의 입시와 달리 내신을 강조하는 수시제도는 공교육 정상화와 내실화에 어느 정도 기여한 바가 있다. 이런 평가에 힘입어 수시제도의 비중은 점점 증가하여 문재인 정부 초기인 2018년에는 수시입시의 비율이 전체 입시의 75%에 육박할 정도로 대학입시의 가장 주된 전형이 되었다.

문제는 이와 같은 학생부종합전형의 확대로 중요도가 높아진 생활기록부에 학폭위의 처분 사실이 기재되고 있다는 점이다. 2012년 학교폭력예방법이 처음 도입되었을 당시 학폭위 처분은 졸업 후 10년간 생기부 기재가 의무화되었다가 2023년 초까지 졸업 후 2년으로 단축되었는데, 2023년 학교폭력에 대한 엄벌주의 풍조가 강화되며 졸업 후 최대 4년까지로 다시 연장되었다. 학교폭력 피해자들은 학교폭력 가해자들이 학교폭력을 저지르고도 좋은 대학 등 상급학교에 진학하는 것이 부조리하다는 점에서 지속적으로 학폭위 처분 생기부 기재를 주장해 왔으나 그것이 역설적으로 학폭위 처분에 대한 불복소송과 불복심판, 법적 분쟁의 증가를 낳아 왔던 것도 사실이다.

이에 교육계 일각에서는 학폭위 처분의 생기부 기재를 없애는 주장도 하고 있지만 이것은 학생부 종합전형의 취지에 전혀 맞지 않는다. 학생부종합전형은 학력고사나 수능처럼 시험 한 번으로 입시를 결정짓도록 하지 말고 성적과 인성, 생활사항 등 학교생활 전반을 종합적으로 평가하여 입시의 당락을 결정짓도록 하자는 취지가 반영된 입시제도이다. 그렇기에 학생부 종합전형에서 담임이나 각 교과 담당교사의 평가내용이 중요한 입시요소가 된다. 그런데 주변의 학생들을 괴롭힌 학교폭력 사실은 학교 내 법적 분쟁이 급증하고 있으니 생기부에 기재하지 말자고 한다면 이는 학생부종합전형의 본질과 취지 자체를 완전히 무너뜨리는 결과로 이어질 수 있다. 만약 어떤 학부모가 학폭위 처분 생기부 기재 금지를 이유로 입시에 부정적인 다른 요소의 생기부 기재를 주장한다면 교육당국은 어떤 이유로 이를 거부할 수 있겠는가?

따라서 학생부종합전형의 입시제도를 입시의 주요 전형으로 유지하고자 한다면 학폭위 처분의 생기부 기재를 부정하기 어렵다. 그런데 학폭위 처분의 생기부 기재는 이러한 문제만 가지고 있지 않다. 앞선 장에서 서술하였듯이 학교폭력의 경우 학교폭력예방법상의 학폭위 행정처분, 수사기관과 형사법원을 거친 형사처벌, 소년법상의 보호처분 세 가지가 모두 가능하다.* 그런데 형사처벌과 소년법상의 보호처분은 학교폭력예방법상의 학폭위 행정처분보다 일반적으로 중한 처벌로 여겨지는데 전과자에 대한 차별 금지와 소년범의 교화 및 개선 가능성을 고려하여 결코 공개되지 않고 입시에 반영할 수도 없도록 되어 있다.

결과적으로 고등학교 재학 중 저지른 학교폭력은 졸업 후 최대 4년까지 입시에 영향을 미치는데 고등학교 재학 중이나 졸업 후 저지른 형사처벌 사실, 즉 전과 사실은 입시에 아무런 영향을 끼치지 않는 법의 불균형이 발생한다.

따라서 이러한 문제점이 지속되는 한 자녀의 입시에 가장 큰 신경을 쓰는 우리나라의 교육환경 분위기상 학교폭력 문제에 기반한 법적 분쟁은 시간이 지날수록 더욱 증가할 수밖에 없다.

이를 궁극적으로 해결하기 위해서는 학생부종합전형 중심의 입시를 변화시켜 생활기록부의 입시에서의 가치를 축소시키는 방법뿐인데 이는 입시와 관련된 다양한 주장과 이해관계가 부딪치고 있는 사안이다 보니 쉽게 결론내기 어려운 주제라 할 수 있다.

....

* 촉법소년의 경우에는 학폭위 행정처분과 소년법상 보호처분만 가능하고, 촉법소년도 아닌 만 10세 미만 아동의 경우에는 학폭위 행정처분만 가능하다.

개인적으로 생각할 때 현재의 입시제도는 공교육 정상화를 목표로 너무도 복잡한 면이 있다. 부모의 재력이 충분하고 공부할 환경이 갖춰져 있으며 사교육의 지원을 받을 수 있다면 수능과 내신 시험 그리고 수행평가라는 세 가지 요소를 모두 완벽히 준비하며 수시와 정시를 모두 잘 대비할 수 있겠지만 가난한 집안에서 성장한 아이들에게는 너무도 벅찬 일이다.

　특히 공교육의 공부량이 많으면 안 되고, 시험으로 줄 세우듯 학생들을 평가하면 안 된다며 학교를 놀이공간처럼 만들고 공부량을 줄여놓고, 막상 수능이나 수행평가는 학교에서 배우지 않는 문제들로 구성하니 온갖 종류의 사교육이 생겨나는 것은 어찌 보면 당연한 일이다. 또한 이러한 과정에서 가난한 아이들은 무기력하게 소외되는 사태가 발생한다.

　최근 수험가는 중3 때 이미 고3까지 선행을 마치고, 고등학교 때 수행평가 준비에 매진해야 하는 게 새로운 트렌드라고 한다. 다양성 평가라는 취지에서 시행되는 각종 수행평가의 부담이 워낙 크고 그러한 교내 수행평가가 학생부종합전형에 지대한 영향을 주기 때문이라고 한다. 더구나 빈부격차 등이 입시에 주는 영향을 줄이기 위해 도입한 학교 외부 스펙의 블라인드 등으로 내신 경쟁이 격화되며 같은 학교에 다니는 학생들 간의 갈등이 늘어나 학교폭력의 이유가 되기도 하는 상황이다.

시험으로 줄 세우며 획일적이지 않아야 하고 아이들을 놀게 해줘야 한다는 이상이 역설적으로 공교육 약화와 교육기회 불균형을 낳아 가난하고 재능있는 아이들을 말살시키는 방향으로 나아가는 현상을 줄이지 않는다면 극심한 내신경쟁으로 인한 갈등, 그 경쟁에서 뒤처진 아이들의 절망감과 분노 등으로 인한 학교폭력의 증대와 법적 분쟁의 증대라는 연결고리가 깨지기 어려울 것이다.

입시에는 정답이 없고 모두가 만족할 수 있는 방안은 없지만 적어도 현재의 입시제도는 학교폭력의 증가와 학교폭력 관련 법적 분쟁의 증가에 크게 기여하고 있음을 부정하기 어렵다. 따라서 입시의 공정성이나 공교육 정상화라는 입시제도의 목적에 학교폭력 및 학교폭력 관련 법적 분쟁 감소라는 요소도 고려해야 하겠다. 현재 학교는 학교폭력 관련 법적 분쟁의 증가를 시점으로 철저히 붕괴되어 가고 있기에 더욱 그러하다.

학교폭력대책심의위원회 제도의 폐지

2011년 가을부터 시작된 심각한 학교폭력 사건은 2012년 학교폭력예방법의 개정을 이끌어냈다. 가해학생에 대한 학폭위 처분을 골자로 한 이 개정은 이후 10여 년간 학교폭력 문제의 법제화에 나름 기여하였다. 그러나 앞서서 수차 반복해 서술한 것과 같은 수많은 폐단을 낳았고, 그 폐단을 고치기 위해 무수한 법 개정이 진행되었다. 그러나 전 세계 어디에서도 유래를 찾기 힘든 우리나라 학폭위 제도는 아무리 고쳐도 고쳐도 새로운 폐단을 낳으며 학교의 붕괴를 가속화시키고 있다. 그것은 심각한 학교폭력 사건들과 이에 대한 대응을 요구하는 국민적 분노의 목소리 속에 졸속적인 입법으로 도입되고 땜빵식 처방으로 누더기처럼 법안을 고쳐온 결과라고도 할 수 있다. 이에 도입 이후 10여 년이 지난 학교폭력예방법의 공과를 객관적으로 분석하여 인정하고, 이제는 땜빵식 처방이 아닌 근본적 정책의 전환을 검토할 때가 되었다. 이를 위해 각국의 학교폭력 대응 법제도를 살펴보면 아래와 같다.

미국의 경우 중·고등학교 중 3분의 2에 학교경찰이 배치되고, 학교경찰 등 경찰에 의해 학교폭력에 대한 초동조사가 이뤄지고, 법원이 분리조치나 정학, 퇴학 등에 대한 처분을 결정하는 방식으로 학교폭력이 다뤄진다. 일본은 2013년 우리나라 학교폭력예방법과 비슷한 '이지메방지대책법'이 시행되고 있어 우리나라와 가장 비슷한 법제도를 가지고 있는데 범죄 수준의 학교폭력의 경우 경찰과의 연계를 통해 형사처벌 또는 소년법상 보호처분이 이뤄지도록 하고 있다. 프랑스는 학교 괴롭힘 대응 법률을 제정하여 학교폭력을 범죄로 다루고 학교폭력으로 학업중단이 발생할 경우 최대 10년형 또는 15만 유로의 벌금형이 과해질 수 있도록 규정하고 있다. 노르웨이는 학교폭력에 있어 무관용 원칙을 법으로 정하고 있으며 교사에 의한 학교폭력 해결을 강조하고 있다. 다만 아동 옴부즈맨제도를 도입하여 변호사, 정신과 의사, 아동상담치료 전문가 등이 교사의 학교폭력 업무를 뒷받침해 주도록 하고 있다.
상기 해외의 사례들을 살펴보면 학교폭력에 대해 범죄로 인식하고 형벌 등으로 처벌하거나 북유럽의 경우처럼 화해와 치유의 문제로 보되 처벌 자체는 무관용주의에 따라 엄격히 하고 대신 전문 가들이 모두 참여하는 프로그램을 시행하고 있음을 알 수 있다. 이에 비하여 현재 우리나라는 변호사들에 의해 사실상 거의 무력 화되어 버린 학폭위 하나를 형법과 소년법 위에 옥상옥^{屋上屋}으로 설치해 두고 학교폭력으로 세상이 떠들썩해지면 학폭위 처분의 정도만 강화하는 실효성 없는 엄벌주의만 강화시켜 왔다. 그 결과 학교도 교사도 피해학생도 모두 피해를 입고 가해자인 일진과 금 쪽이들만 천국이 되는 학교가 되도록 하였다.

지금이라도 교육당국을 중심으로 보다 적극적으로 학교폭력에 대한 각국의 대응방안을 연구하고 우리 실정에 맞는 제도를 도입 하도록 노력해야 한다. 개인적인 생각으로는 지난 10년간 문제점 만을 노출해 온 학교폭력대책심의위원회를 전면적으로 폐지하고, 학교폭력에 대한 조사와 처벌은 온전히 수사기관과 법원의 판단 에 맡기고 학교와 교사는 교육과 상담, 치유에 집중하는 것이 바 람직하다고 생각한다.

학교폭력에 대한 조사와 처벌을 수사기관과 법원에 맡긴다면 법률과 조사 업무에 있어 전문성을 가지지 못한 교사와 교육당국 이 범죄의 구성요건과 겹치는 학교폭력 문제를 조사하며 생기는 수많은 절차적 위법과 법적 분쟁 요소를 최소화시켜 학교폭력 관련 법적 분쟁을 크게 줄일 수 있을 것이다. 또한 교사들을 비전문적인 조사업무와 법률업무에서 해방시키고 교사들의 전문성을 극대화할 수 있는 교육과 상담, 치유 업무에 집중할 수 있도록 함으로써 학교폭력의 예방과 조화적 해결을 새로이 도모해 나갈 수 있을 것이다. 이러한 경우 노르웨이의 법제도처럼 교사의 교육과 상담, 치유 업무를 지원할 충분한 전문인력을 학교에 배치하여 가해학생의 실질적 교화와 피해학생의 치유가 이뤄질 수 있도록 해야 한다.

이와 같은 교육과 법적 처분의 이원화를 이뤄나가려면 그 중간에 대못처럼 위치한 학교폭력대책심의위원회를 누더기가 되도록 고쳐 쓸 것이 아니라 과감히 폐지하는 입법적 결단이 필요하다 본다. 또한 이러한 폐지 이후의 대책 마련을 위해 교육부뿐만 아니라 수사기관을 관할하는 행정안전부와 법무부, 그리고 사법부가 모두 모여 학교폭력 법제도의 기본부터 바꿔나갈 필요가 있다.

많은 부분이 개선되었지만 학교폭력 관련 법적 분쟁은 결코 줄어들지 않을 것이고 그로 인한 교육현장의 부담은 계속해서 증가할 것을 생각할 때 이러한 근본적 대책 마련을 위한 시도는 가능한 빨리 시작되어야 한다고 생각한다.

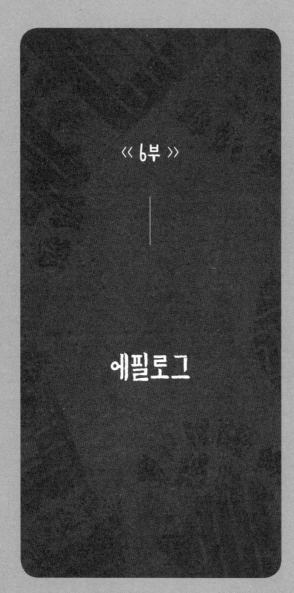

《 6부 》

에필로그

학교폭력 피해자에서 학폭과
교권 문제를 다루는 변호사로

우리나라 초·중·고등학교 교육에 있어 학부모들의 관심은 첫째
도 입시, 둘째도 입시, 셋째도 입시이다. 입시에 도움이 된다면 무
엇이든 희생할 수 있다고 생각한다. 학군지의 학교나 특목교의 경
우 학교 역시 입시에 사활을 건다. 내가 졸업한 고등학교는 인천
의 비평준화 고등학교였는데 선배들의 서울대 입학 실적이 다소
줄었다는 이유로 후배들의 수련회를 취소하려 하여 학생들이 학
교에 대자보를 붙이기도 했다. 30여 년 전의 일인데 30년이 지난
지금도 별로 달라지지 않았다.

사실 학교폭력과 아동학대 관련 법제도가 이토록 학교를 망가뜨
리게 된 것도 학교생활기록부 중심의 수시 입시가 입시의 주류가
된 것에서 기인했다 볼 수 있다. 자녀의 대학 입학, 자녀의 특목고

입학 등에 결정적인 요소가 되는 학교생활기록부에서 학폭 처분 사실을 지워보고자 하는 시도가 이 모든 사태의 시발점이었다.

나는 어릴 때부터 수많은 악의와 맞서 싸워야 했다. 그런 오지랖을 왜 부리냐는 말도 많이 들었다. 중학교 1학년 때 우리 반에는 학교폭력으로 1년간 정학을 당했던 형이 있었다. 안 그래도 험한 동네에서 그 형은 이제 막 초등학교를 졸업한 어린이나 다름없던 우리 반 애들을 많이도 때리고 금품을 갈취했다. 다들 맞고 돈 뺏기고 울면서 반장인 내게 말을 해왔다. 그 형은 나는 안 건드렸다. 전교 1등까지 하던 나를 굳이 건드리진 않았다. 그래서 조용히 지나가자면 지나갈 수도 있었다.

안타깝게도 그때나 지금이나 나는 그냥 지나갈 수 있는 성격이 아니었다. 피해학생들로부터 증거를 모으고 담임선생님에게 이야기를 하였다. 담임선생님은 하루 날을 잡았다. 그 형을 교탁 앞에 세워놓고 내가 선생님에게 준 증거를 하나씩 공개하며 피해자에게 공개적으로 피해 사실을 진술하게 했다. 교실은 울음바다가 됐고 그 형은 얼굴이 벌겋게 되어 어쩔 줄 몰라 했다. 선생님은 그 이야기를 다 듣더니 체벌을 가하였고, 그렇게 체벌을 당하던 그 형은 갑자기 반을 뛰쳐나갔다.

그렇게 가출을 한 형을 찾으러 선생님과 인천 동구 송림동 뒷

자락 산동네를 찾았다. 손바닥만 한 방이었다. 할머니가 혼자 누워 있는데 손자가 집에 들어오지 않아 걱정이라고 했다. 선생님과 나, 두 사람이 앉을 공간도 없는 집이었다. 손자를 사람 만들어 달라고 할머니는 눈물을 지으며 신신당부했다. 결국 형을 찾은 건 송림동 인근 주유소였다. 다시 도망치려는 것을 불러서 막고 선생님과 데리고 왔다. 다시 학교를 나오기 시작했고 더 이상의 폭력도 금품갈취도 없었다.

그렇게 우리 반은 안정적으로 운영됐다. 담임선생님과 나의 인연은 2학년까지 이어졌다. 쉬는 시간이면 학교폭력으로 머리가 깨진 애들을 병원으로 업어서 데리고 가야 하던 거친 학교였지만 우리 반은 평화로웠다. 선생님과 나는 합이 잘 맞았고, 나는 폭력과 금품갈취의 징후가 있으면 증거를 모아서 선생님에게 알리고 선생님은 제대로 벌을 주며 반을 잘 이끌어갔다. 놀랍게도 그 선생님은 당시 30대 초반의 여자분이셨다.

중학교 3학년 때 2년 만에 담임이 바뀌고 전교에서 이름을 떨치던 문제아들이 모두 같은 반이 됐다. 과학고를 준비하던 나는 담임에게 반장선거에 출마하지 않겠다 했다. 이제 오지랖 그만 부리고 공부에 집중하고 싶었고, 당시 일진들의 표적이 되고 있음을 느끼고 있었기에 그만 내려놓고 싶었다. 담임은 내가 반장을 할 것 같아 이 반을 맡았는데, 너가 안 한다 하면 어쩌냐 하시며 선거도 없이 반장으로 나를 지명했다.

전교에서 악명을 떨치는 일진들로 가득한 반의 반장이 선거도 없이 됐다. 지난 2년이랑은 비교도 안 되는 학교폭력이 횡행했다. 당시 내가 졸업한 중학교에서 절반은 인터넷에서 '한국의 스즈란'으로 불리는 고등학교들로 진학했다. 그 학교의 일진들이 가득한 반에서 피해자들을 대리하려 나서는 반장질을 하려 했으니 그들 사이에 퍼진 지난 2년의 악명(?)에 더해 나는 사실상 그들의 표적이 됐다. 집단폭행 앞에는 장사가 없다고 그 아이들에게 집단폭행을 당한 후 한 학기 동안 나의 삶은 드라마 〈더 글로리〉가 따로 없었다.

수학 선생님은 내 동생이 다니던 아래 학년에서 "박상수 식의 카리스마도 중2 때까지" "이제 박상수도 끝났다"고 말해 동생이 직접 항의하기도 했다. 참으로 비겁한 행동이다 싶었고 견디기 어려웠지만, 가장 힘들었던 것은 나에게 도움을 청하던 피해학생들이 가해학생들에게 맞고 금품갈취를 당하는 와중에도 가해학생들 보라고 앞장서서 나를 조롱하는 것이었다. 그중에는 중1 때 복학한 그 형에게 금품갈취를 당하던 피해학생도 있었다. 그 형에게 벗어난 후 내게 고맙다고 카드도 썼던 사람이다.

결국 교감을 찾아가 과학고 진학을 거래하며 2학기에 상담실로 분리될 수 있었다. 한 학기에 한 번은 전교 1등을 하던 내가 학교폭력에 시달리며 전교 11등까지 밀려났지만 상담실로 분리된 뒤 다시 성적을 회복해 중3 최종 성적은 전교 3등으로 마무리하여 인천시장상을 받고 졸업할 수 있었다. 교감에게 분리를 조건으로 약속했던 과학고는 결국 떨어졌지만 인천 유일의 비평준화고인 서인천고는 합격했더랬다.

나는 학교폭력과 교권 관련 사건을 하며, 사건의 주인공으로 중1과 중2 때 그 강단 있던 30대 초반 여선생님과 같은 분들을 자주 만난다. 주로 아동학대의 피의자들로. 중3 때의 나와 같은 학생들도 자주 만난다. 모두 학교폭력의 피해자들이고, 가해자보다 방관자들에 깊은 상처를 가지고 있다. 나와 같은 경험을 가진 피해자들의 가슴에 생길 평생의 멍을 여전히 고치고 싶다. 그리고 그 강단 있던 선생님들을 지키고 싶다.

내 동생의 반에 가서 박상수는 끝났다고 비아냥이나 하던 비겁한 선생님, 가해자들 편에 서서 조롱하던 방관자들은 그때나 지금이나 초지일관 경멸한다. 여기에 더해 세상을 이론과 도그마로만 이해하는 위선자들도 경멸한다. 후자가 다수인 세상에 절망했고, 지금도 난 그 절망적 세계관을 여전히 지니고 있지만 그래도 눈앞에 할 수 있는 일들부터 하고 있다.

　내가 중학교를 다니던 30년 전보다 학교는 나아졌을까? 확실히 체벌도 촌지도 사라졌단 점에서는 나아졌다. 그러나 중1과 중2 때의 그 선생님은, 지금이었다면 인민재판을 했다고 정서적 학대로, 체벌을 했다고 신체적 학대로, 형사처벌을 받고 교단에서 물러났어야 할 것이다. 피해학생들에게 나만큼 공감하고, 가출한 가해학생을 함께 찾으러 다닐 정도로 학생들을 사랑하던 선생님이었지만 말이다. 오늘날에는 아동학대 범죄자가 됐을 것이다. 나는 이러한 세상을 바꾸고 싶다.

한 아이의 아빠로서 생각하는
요즘 시대의 입시

최근 나의 아들은 영재교육원 입시시험에 응시하였다. 아들은 시험에 대한 준비를 전혀 안 하고 있다가 시험 일주일 전이 되어서야 내가 한 권 사준 모의고사 문제지를 풀이하였다. 아내가 아들이 시험 직전 일주일 동안 아들이 열심히 공부했던 것은 내가 한 말 때문이었음을 뒤늦게 알려줬다. 내가 사준 영재교육원 모의고사 문제를 풀면서 끙끙거리던 아들이 나한테 계속 묻자, "그렇게 금방금방 아빠한테 물으면 너 하고 싶은 조종사 못 된다. 조종사 되기 싫으면 계속 그렇게 곧바로 물어. 공부는 되든 안 되든 스스로 해야 한다"고 했던 나의 말에 충격을 받고, 그렇게 공부를 한 거라 한다.

그러면서 아내는 자신이 잘 못하면 아빠가 실망할까 봐 아이가 그렇게 몸살까지 나가며 공부한 거 아니냐며, 아들 같은 아이한테는 인센티브를 주면서 유도해야지 그렇게 네거티브한 말을 하면 안 되는 거라고 이야기한다.

아이는 최선을 다해 시험을 보고 나온 눈치다. 그러나 송파구의 다른 치열한 학군지에서 똘망똘망하게 길러진 친구들보다는 잘 보지는 못한 듯하다. 내가 사는 지역은 아이들이 즐겁게 크지만 이러한 종류의 사교육에 대한 교육열이 송파구에서 가장 낮은 편이다. 아이도 시험장에서 같은 학교 친구는 여자아이 한 명밖에 못 봤다고 한다. 그에 비해 초등학교 3학년인데도 이미 영재교육원 대비 학원에서 친해진 아이와 학부모들은 서로 아주 잘 알고 있었다. 시험이 끝나고 아이를 기다리는데 어떤 부모들은 초등학교 3학년 대상으로 영재교육원 기숙학원도 있다 말하고, '소마'니 'CMS'니 하는 이름도 처음 들어보는 영재교육원 전문학원에 대한 이야기와 교재들에 대한 품평을 하고 있었다.

나는 인천 서구 가좌동의 초등학교를 졸업했는데, 그때도 동네에 유명한 속셈학원이 있긴 했다. 13평 주공아파트 대출금 갚기도 바쁜 나의 부모님은 정부미를 먹는 처지였기에 나를 그 유명하다는 학원에 보내줄 돈이 없었다. 그래도 문제집은 풍족하게 사줬고 나는 그 문제집만 풀었다. 〈완전학습〉 〈다달학습〉 〈이달학습〉을 풀었고 〈산수완성〉만 하나 따로 풀었다. 유행했던 〈구몬수학〉 같은 구독형 문제지를 구독하여 풀이할 여유는 없었다.

그래도 시중에 있는 문제집만 풀고도 초등학교 4학년 때 처음 본 교내 산수경시대회에서 전교 1등의 점수를 받아 인천대회에 학교 대표로 나가 상까지 받아왔고. 5학년과 6학년 때 지금 생각하면 일종의 영재반인 인천 북부교육청의 과학교실에 전교에서 유일하게 선발되어 매주 1회 속칭 영재교육을 받았다.

그 시절에는 학원 갈 돈 없이 가난했던 나와 같은 아이도 문제집만 풀고 산수경시대회 상을 받고 영재반을 다닐 수 있는 나라였다. 문제가 교육과정 내에서 출제되니 가능한 일이었다.

그런데 아들의 영재교육원 모의고사 문제를 보니 무슨 사고력을 테스트한다고 하는데, 이런 류 시험의 끝판왕인 LEET(법학적성시험)나 PSAT(공직적격성평가) 수준의 문제가 나와 있었다. LEET와 PSAT 시험에서 모두 초고득점을 받은 내가 풀어도 어려운 문제를 초등학교 3학년에게 풀게 한다. 어떤 문제들은 당장 법학전문대학원 입시시험인 LEET 시험이나 5급 공무원 채용시험 1차 시험인 PSAT 시험의 문항으로 출제되어도 손색이 없었다.

요즘 약화된 공교육으로는 당연히 커버할 수 없고 공교육에 활용되는 문제집 등의 교재로도 당연히 커버할 수 없다. 이러니 사교육이 생길 수밖에 없다. 영재는 학원이 만들 수 있다는 선전이 나올 수밖에 없다.

공교육의 공부량을 줄이고, 다양성을 평가한다며 공교육이 포괄할 수 없는 범위의 시험을 보도록 하고, 수행평가를 하도록 하니 사교육이 나타나지 않을 수가 없다. 그리고 이런 세상에서 과거의 나처럼 구독형 문제지 하나 풀기 어려운 환경의 아이는 당연히 좋은 성적을 받을 수도 없을 것이고, 공부를 잘한다는 긍정적 평가를 받으며 발전해 나갈 수도 없을 것이다.

"공교육의 공부량이 많으면 안 된다" "시험으로 평가하면 안 된다"며, 학교를 놀이공간처럼 만들고 공부량을 줄여놓고 막상 이런 종류의 상위권 진출 경로의 시험은 학교에서 절대 배우지 않은 문제를 풀어내게 하고 다양성을 빌미로 온갖 학교에서 절대 안 배운 내용을 수행평가로 평가한다. 이러니 이런 종류 시험을 위한 온갖 종류의 사교육이 생기고 역설적으로 가난한 아이들은 무기력하게 소외된다.

이러다 보니 어느 정도 살고 교육열이 있는 집안 아이들도 공부량 적은 공교육은 빠르게 선행으로 학원에서 해치우고 이런 종류의 수업시간에 안 배우는 내용의 테스트 대비를 위해 학원을 다닌다. 공교육 공부량은 줄어들었는데 수험 공부량과 준비량은 더 늘었다. 중3 때 이미 고3까지 선행을 마치고 고등학교 때 수행평가 준비에 매진해야 하는 게 요즘 학생부종합전형 대비의 트렌드라 한다. 그 다양성 평가라는 수행평가는 스스로 알아가는 거라며 학교에서 배우지 않은 내용들을 주제로 한다.

시험으로 줄 세우며 획일적이지 않아야 하고 아이들을 놀게 해줘야 한다는 것이, 역설적으로 공교육 약화와 교육 기회의 불균형을 낳아 가난하고 재능있는 아이들을 말살시키는 방향으로 나아가는 현상은 학교폭력 관련 조치를 법제화하고 아동인권을 향상시키자는 취지가 학교를 붕괴시키는 결과로 이어지는 것과 참 많이도 닮았다.

영재교육원 시험장 앞에서 아이를 기다리며 여러 가지 생각이 교차했다. 전문학원이나 심지어 기숙학원을 다닐 정도의 교육열과 재력이 없는 한 이 시험은 결코 붙지 못할 것이라고 나는 문제만 봐도 알 수 있었다.

학원 다닐 형편이 안 되는 가난한 아이가 그저『산수완성』열심히 푸는 것만으로 산수경시대회 전교 1등을 하며 신데렐라처럼 모두의 주목을 받고 공부에 매진할 의욕을 가지게 되는 이야기는 이제 비현실적 동화가 되어버렸다.

온갖 이상론자들이 망쳐버리고 있는 교육을 오직 아이들을 중심으로 생각하며 바꿔야 할 때가 됐다. 더 이상 머릿속 뇌내망상과

이론으로만 존재하는 정치적 올바름에 대한 믿음과 환상이 교육
을 망치고 학교를 망치는 것을 막아야 한다.

막상 가난하거나 학대받는 아이는
구하지 못하는 현실

중학교 1학년 때까지는 조용하고 학교폭력 같은 것은 저지르지도 않던 아이가 있었다. 아버지에게 골프채로 맞는 등의 학대를 당하고 긴급분리가 되어 다른 학교에 전학을 다녀오고 나서 아이는 달라졌다. 주변 친구들을 폭행하고 용돈을 갈취하기 시작했다. 처음에는 학폭위에서 처분을 받는 정도였지만 심각한 폭행 등으로 소년원도 들락거리기 시작했다. 이미 두 번째 소년원을 다녀올 때쯤 나의 의뢰인 아이를 흉기를 사용해 폭행하였다. 이러한 경우는 학급교체 이상의 처분을 기대할 수 있기에 학폭위 절차를 거쳤고 가해학생은 강제전학 처분을 받았다. 그러나 강제전학 처분을 받은 아이는 피해학생이 소풍을 가는 곳도 따라와 겁박했고, "네가 날 감옥에 보내서 20년형을 살아도 20년 뒤 석방되면 찾아가

복수하겠다"고 협박했다.

결국 난 특수상해 등의 죄명으로 형사고소를 하였다. 고소를 하는 김에 금품갈취 등도 공갈도 포함하려 했는데 가해학생과 피해학생의 문자 내용을 읽다 순간 멈칫하였다.

"3,000원만 보내."
"3,000원도 지금 없어."
"그럼 1,500원만 보내. 새우탕도 1,500원은 한다고."

요즘 세상에 새우탕 사발면 가격을 갈취하는 사연이 무엇인가 하여 알아보았더니 가해학생에게 가정 내 아동학대를 일삼는 아버지가 끼니도 챙겨주지 않아 다른 학생들의 용돈을 갈취해 사발면이나 삼각김밥을 먹고 있는 것이었다.

피해학생 학부모가 가해학생에게 찾아가 "우리 아이와 놀지 마라"고만 이야기해도 아동학대로 처벌하는 나라에서 가정 내 아동학대로 굶고 다른 아이들에게 공갈과 같은 학교폭력을 일삼는 아이는 막상 보호하지 못한다. 정말 가난한 집안의 아이들에게는 급식카드 등을 제공해 줄 수 있는 나라에서 집안형편은 되지만 가정 내 아동학대로 결식을 하고 있어 피해학생들로부터 고작 1,500원씩 갈취하며 연명하는 아이의 식사는 챙겨주지 못한다.

서면을 쓰다 말고 한참을 멈춰서 멍하니 앉아 있었다. 이러니 끔찍하고 심각한 아동학대 사건이 끊이질 않는 것이다. 끊이지 않는 아동학대 사건들 중 심각한 사건이 터지면 다시 대책 없이 아동학대의 가벌성 범위만 넓히는 법 개정을 하고, 판례를 변경한다. 결국 이런 아동들을 지켜주고, 이런 아동들의 학교폭력을 중재할 교사의 모든 행위를 아동학대로 만들어, 이런 아동들의 고통은 더욱 방치되고, 더욱 심한 범죄의 세계에 빠져들게 만든다.

무엇이 우리를 이런 세상으로 만들고 있는 것일까? 왜 점점 더 아동인권을 보호하고 더 발전된 나라가 되도록 노력한다고 하면서 막상 가난하거나 학대받는 아이들은 구하지 못하고 더 시들어가게 만드는 것일까?

그 많은 위원회들, 그 많은 아동보호전문기관들, 그 많은 전문가들, 관료들, 정치인들은 다 무엇을 하고 있는 것일까? 아동들도 언젠가 어른이 된다. 어른이 되면 아동으로서 보호받던 것으로부터 무장해제되고 자신들의 행동에 책임을 져야 하는 그런 삶을 살아가야 한다. 그저 무작정 아동을 보호한다며, "꽃으로도 때리지 마라" "아동이 기분 나쁘면 모든 것이 학대다"라는 이상적인 이야기를 떠들며, 아동이 스스로 살아갈 힘을 기를 수 있는 기회도 사다리도 모두 박탈해 왔던 것은 아닐까? 그렇게 아동을 보호한다며 사실상 우리 국가 사회 전체가 아동을 학대해 온 것은 아닐까?

꼬리에 꼬리를 무는 의문에 대한 대답을 찾기 위해 나는 오늘도 이런저런 서적들을 뒤지고 논쟁을 하며 고민한다.

지난 20여 년 만들어 온 이 변화가 진정 아동을 위한 것이었을까?

교육을 통한 사다리와
학교 내 법치의 회복

학교는 힘들고 고통스럽던 나의 어린 시절 유일한 도피처였고 삶의 희망이 자라는 곳이었다. 나의 부모는 가난했고 또 가난했지만 성실했고, 또 가난하고 성실했지만 평탄치 않았다. 당시 가난한 집이 많이 그러했듯 화목할 때는 화목해도 분란이 생길 때는 크게 분란이 생기곤 했다. 그래서 집에 있는 시간은 늘 폭탄이 터질 것 같이 조마조마했다. 한 번씩 분란이 터지면 조용히 책을 읽고 장난감을 가지고 놀며 문제집을 풀고 지내야 했다.

그에 비하여 학교는 나의 무대와 같았다. 그 시절 학교는 공부만 잘하면 선생님도 아이들도 모범생인 학생을 대접해 주는 곳이었다. 성실하게 노력하고 그 성실한 노력이 인정받으며 차곡차곡 자존감을 쌓아가며 성장할 수 있는 우리나라 특유의 시스템이 있었다.

초등학교 1학년 때부터 매월 시험을 보았는데 내가 나온 초등학교는 평균 95점을 넘으면 우수상을 주고, 올백을 맞으면 최우수상을 주는 시험제도를 운용했다. 그때의 나는 올백을 맞아 최우수상을 받는 동기부여를 받으며 공부해 나갔다. 그 결과였는지 초등학교 4학년 때 고작 109였던 나의 IQ는 중학교 때 120대, 고등학교 때 130대 그리고 대학교 심리학 수업 때 측정하여 받은 148까지 점점 상승했다.

초등학교 시절에는 선생님들이나 부모님으로부터 노력파로 평가받던 나는 대학에 온 이후로는 꽤나 머리 좋은 사람 중 하나가 되어 있었다. 재능과 적성을 중심으로 평가하는 LEET와 PSAT는 정말이지 그리 어렵지 않게 매우 높은 점수를 받을 수 있었다.

나는 타고난 영재도 천재도 아니었지만 한국이 만든 특유의 교육시스템 덕분에 가난한 집에서 중학교 때까진 제대로 된 사교육 하나 받아보지 못하고, 사법시험을 제외한 거의 모든 선발시험에서 합격할 수 있을 실력을 갖출 수 있었다.

그래서인지 주입식 획일화 줄세우기 교육이라 비난받는 과거의 선발 시스템에 대한 향수와 신뢰가 있다. 법학전문대학원을 다니며 컨펌을 앞두고 경쟁할 때 그놈의 다양성 평가를 받으며 오디션

프로그램과 같은 경쟁에 참여해야 했다. 집안이 좋고 돈을 주고 얻을 수 있는 수많은 스펙을 가진 동기들과 비교해 외국어 능력도 부족하고 돈을 주고 얻을 수 있는 스펙도 부족하였으며 주경야독을 하느라 다소 부족한 학점까지 가졌던 나는 항상 채용 확정의 문턱에서 줄줄이 좌절하였다.

　왜 돈을 벌어 주경야독을 하는 경험은 인정하지 않고, 사교육까지 받으며 해외에서 주최되는 온갖 대회에서의 수상경력이 인정받는지, 그것이 어떻게 다양성 평가인지 이해하기 힘들었지만, 불행인지 다행인지 나는 그러한 평가를 법학전문대학원 재학중 취업경쟁에서만 겨우 겪어봤다.

　그러나 요즘 가난한 아이들은 이 복잡한 입시제도와 평가제도를 준비하며, 고학력 부모의 가이드나 사교육의 도움도 받지 못한 채 일찌감치 시들어 가고 있다. 초등학교 때부터 타고난 능력을 평가한다지만 전문학원이나 기숙학원 등 사교육으로 범벅된 영재시험, 그럼에도 중학교 2학년이 되기 전에는 시험 하나 없이 그저 놀게 하는 공교육제도, 돈이 없어 변호사 선임을 못하면 학폭을 당해도 무조건 억울할 수밖에 없는 제도 아래, 가난한 아이들은 자신이 가진 재능과 가능성이 뭔지도 모른 채 그저 자신이 가재, 붕어, 개구리에 불과하다 생각하며 일찌감치 자포자기의 삶을 살아가고 있다.

자원도 존재하지 않고 영토도 넓지 않아 부가가치를 창출할 수 있는 것은 오직 사람의 능력뿐인 나라에서 자라나는 아이들의 상승심과 꿈을 봉쇄하고 주저앉히는 교육 정책은 결국 학교에서 그치지 않고 국가까지 망하게 하는 결과로 이어질 것이라 생각한다. 공교육을 약화시킬 것이 아니라 보다 강화하고 공교육에서 배운 내용을 중심으로 평가해야 한다. 무작정 시험을 다 폐지할 것이 아니라 적절히 평가하고 그에 대한 작은 보상을 반복적으로 제공하여 학교에서 성장할 수 있다는 믿음을 가난한 아이들에게도 심어줄 수 있어야 한다. 교육을 통한 성취를 존중하고 금수저론이니 하며 부모의 재산과 신분에 따른 세습을 동경하는 문화를 배격하여 아이들이 자신의 삶을 자기 손으로 개척할 자신감과 힘을 길러 주어야 한다.

학교는 아이들이 최초로 겪는 사회이고 최초로 겪는 법제도이며 최초로 겪는 국가이다. 그 공간이 이상적이기만 한 철학에 의해 완전한 무정부 상태에 놓이며 약육강식弱肉強食과 적자생존適者生存의 야생 사회가 되도록 해서는 안 된다. 국가와 법은 일종의 폭력이다. 폭력이기 때문에 완벽할 수 없다. 그러나 제도화된 폭력이기에 우리는 이를 믿고 신뢰하며 역설적으로 평화로운 삶을 영위할 수 있다. 국가와 법이 폭력이라고 이를 거부하도록 제도를 설계하면 힘이 우선이 된 야생의 세계가 펼쳐진다. 국가가 소멸한 뒤 힘을 가진 군벌들에 의해 온갖 잔혹한 일들이 펼쳐진 소말리아와 같은 나라를 생각해 보면 이를 충분히 이해할 수 있다.

현재 우리 아이들의 학교는 교사의 권한이 모두 봉쇄되고, 권위는 땅에 떨어졌으며, 학폭위 등의 조직은 쟁송의 방법으로 얼마든지 무력화되고, 평가와 선발 제도는 철저히 돈의 논리에 좌우되는 철저한 무정부 상태에 접어들었다. 무정부 상태 속에서 가장 큰 피해를 입는 자들은 가난하고 힘이 없는 평범한 아이들이며 가장 이득을 얻는 자들은 금쪽이와 일진들 같은 무법자들이나 돈이 많은 집안의 아이들이다. 그런 공간을 학교라고 부르기도 어렵다.

학교를 구성하는 절대 다수의 평범한 교사, 평범한 학부모, 평범한 학생들을 위해 교육을 통한 사다리와 학교 내 법치를 회복시킬 수 있어야 한다. 학교는 대한민국의 미래이기에 정치적 진영과 무관하게 이 두 가지를 회복시키기 위해 우리 어른들 모두가 지혜를 모으고 힘을 모아 나가야 한다.

부디 이 책이 교육을 통한 사다리와 학교 내 법치의 회복을 위한 마중물이 될 수 있길 바라며 글을 맺는다.

헌법재판소 2015. 10. 21. 선고 2014헌바266 결정 [아동복지법 제17조 제5호 등 위헌소원]

판단

가. 쟁점

이 사건의 쟁점은 ① "아동의 정신건강 및 발달에 해를 끼치는 정서적 학대행위"를 형사처벌의 대상으로 삼은 것이 죄형법정주의의 명확성원칙에 위배되는지 여부 및 ② 위 정서적 학대행위에 대하여 5년 이하의 징역 또는 3천만 원 이하의 벌금에 처하도록 한 것이 행위와 책임 간의 비례성이 요구되는 과잉금지원칙에 위반되는지 여부이다.

나. 죄형법정주의의 명확성원칙 위배 여부

(1) 죄형법정주의의 명확성원칙
헌법 제12조 및 제13조를 통하여 보장되고 있는 죄형법정주의 원칙은 범죄와 형벌이 법률로 정하여져야 함을 의미하며, 이러한 죄형법정주의에서 파생되는 명확성원칙은 법률이 처벌하고자 하는 행위가 무엇이며 그에 대한 형벌이 어떠한 것인지를 누구나 예견할 수 있고, 그에 따라 자신의 행위를 결정할 수 있도록 구성요건을 명확하게 규정할 것을 요구하고 있다. 그러나 처벌법규의 구성요건이 명확하여야 한다고 하여 모든 구성요건을 단순한 서술적 개념으로 규정하여야 하는 것은 아니고, 다소 광범위하여 법관의 보충적인 해석을 필요로 하는 개념을 사용하였다고 하더라도 통상의 해석방법에 의하여 건전한 상식과 통상적인 법감정을 가진 사람이면 당해 처벌법규의 보호법익과 금지된 행위 및 처벌의 종류와 정도를 알 수 있도록 규정하였다면 헌법이 요구하는 처벌법규의 명확성에 배치되는 것이 아니다(헌재 2011. 10. 25. 2010헌가29 등 참조).

그리고 처벌법규에 대한 예측가능성의 유무는 당해 특정조항 하나만으로 판단할 것이 아니라, 관련 법 조항 전체를 유기적·체계적으로 종합하여 판단하여야 하고, 그것도 각 대상법률의 성질에 따라 구체적·개별적으로 검토하여야 하며, 일반적이거나 불확정한 개념이 사용된 경우에는 당해 법률의 입법목적과 당해 법률의 다른 규정들을 원용하거나 다른 규정과의 상호관계를 고려하여 합리적으로 해석할 수 있는지 여부에 따라 가려야 한다(헌재 1996. 2. 29. 94헌마13; 헌재 2001. 6. 28. 99헌바34 참조).

(2) 이 사건에 대한 판단

(가) 아동복지법은 제1조에서 "이 법은 아동이 건강하게 출생하여 행복하고 안전하게 자랄 수 있도록 아동의 복지를 보장하는 것을 목적으로 한다."고 규정하고 있고, 제2조에서 "① 아동은 자신 또는 부모의 성별, 연령, 종교, 사회적 신분, 재산, 장애유무, 출생지역, 인종 등에 따른 어떠한 종류의 차별도 받지 아니하고 자라나야 한다. ② 아동은 완전하고 조화로운 인격발달을 위하여 안정된 가정환경에서 행복하게 자라나야 한다. ③ 아동에 관한 모든 활동에 있어서 아동의 이익이 최우선적으로 고려되어야 한다. ④ 아동은 아동의 권리보장과 복지증진을 위하여 이 법에 따른 보호와 지원을 받을 권리를 가진다."고 규정하여 아동복지법의 기본이념을 천명하고 있다.

이에 따라 아동복지법은 아동에 대한 학대행위를 금지하고 있는바, 제3조 제7호는 "아동학대란 보호자를 포함한 성인이 아동의 건강 또는 복지를 해치거나 정상적 발달을 저해할 수 있는 신체적·정신적·성적 폭력이나 가혹행위를 하는 것과 아동의 보호자가 아동을 유기하거나 방임하는 것을 말한다."
고 정의하고, 제17조에서는 금지되는 학대행위의 유형으로,
아동에게 성적 수치심을 주는 성희롱 등의 성적 학대행위(제2
호), 아동의 신체에 손상을 주거나 신체의 건강 및 발달을 해
치는 신체적 학대행위(제3호), 아동의 정신건강 및 발달에 해
를 끼치는 정서적 학대행위(이 사건 법률조항), 자신의 보호·감
독을 받는 아동을 유기하거나 의식주를 포함한 기본적 보호·
양육·치료 및 교육을 소홀히 하는 방임행위(제6호)를 규정함
으로써 학대의 유형을 네 가지로 구별하고 있다.

(나) 아동복지법 제3조 제7호와 이 사건 법률조항의 내용을
결합해 보면, 아동에 대한 정서적 학대란 '성인이 아동의 정
신건강이나 그 발달을 저해하는 정신적 폭력행위나 가혹행위
를 하는 것'이라고 볼 수 있다.
'정서적 학대'의 의미를 사전적 의미를 통해 구체화해 보면,
'정신'이란 육체나 물질에 대립하는 영혼이나 마음으로서 사
물을 느끼고 생각하여 판단하는 능력 또는 그런 작용, 마음
의 자세나 태도이고, '정신건강'이란 이러한 정신이 아무 탈
없는 상태이며, 그 '발달'은 이러한 정신이 성장하거나 성숙
함을 의미한다. '저해'란 이러한 정신 상태를 유지하거나 성

장하는 것을 방해하는 것이고, '폭력행위'란 남을 거칠고 사납게 제압할 때 힘을 사용하는 것이며, '가혹행위'란 사람에게 심한 수치·모욕·고통을 주는 행위를 의미한다. 결국 사전적 의미에서의 정서적 학대란 '사물을 느끼고 생각하여 판단하는 마음의 자세나 태도가 정상적으로 유지되고 성장하는 것을 방해하는 행위로서 마음에 상처를 주는 폭언 등을 하는 행위 또는 심한 수치·모욕·고통을 주는 행위'라고 할 수 있다.

(다) 정서적 학대행위와 관련하여 대법원은, 정서적 학대행위는 신체적 학대행위와 달리 언제나 유형력 행사를 동반하는 것은 아니며, 신체적 손상을 요건으로 하지 않는다는 점에서 이에 이르지 않는 유형력의 행사도 정서적 학대행위에 해당될 수 있다고 보고 있다(대법원 2011. 10. 13. 2011도6015 판결 참조). 중앙아동보호전문기관은 '아동에게 행하는 언어적 모욕, 정서적 위협, 감금이나 억제, 기타 가학적인 행위'를 정서적 학대행위로 보고 있고, 그 밖에 '아동을 모멸하거나 무시하는 것과 같이 아동에게 심리적 위해를 주는 언동', '아동에 대한 무시나 거부 혹은 애정을 갖지 않거나 칭찬을 하지 않는 것 또는 끊임없이 고함을 치거나 공포를 조성하고 트집을 잡는

행위, '아동에 대해 극히 부정적인 태도를 가지며 언어적 또는 정서적으로 공격하거나 공격의 위협을 가하는 것' 등으로 정서적 학대행위를 정의하고 있는데, 이와 같이 정서적 학대행위가 무엇인지에 대해서는 다양한 해석이 있다.

정서적 학대가 무엇을 의미하는지에 대해 여러 가지 견해들이 있는 이유는 정서적 학대의 유형이 그만큼 다양하기 때문이다. 게다가 정서적 학대는 신체적 학대나 성적 학대처럼 피해자의 신체 등에 흔적을 남기지 않기 때문에, 정서적 학대로 어느 정도의 피해를 입었는지 외부에서 객관적으로 평가하여 정량화하기가 어렵다. 정서적 학대로 인한 피해는 오로지 학대를 당한 아동의 주관적인 경험에 의존할 수밖에 없고, 동일한 행위 유형이라 하더라도 당사자에게 미치는 영향은 서로 다르기 때문에 이를 범주화하여 유형화하는 것이 쉽지 않다. 그렇다고 이러한 행위에 대한 처벌을 포기할 수도 없는데, 정서적 학대는 성인이 된 이후에도 영향을 받을 만큼 그 피해가 일시적이지 않고 장기적으로 지속되기 때문이다.

(라) 한편, 정당한 훈육에 해당하는 상당수의 행위가 정서적 학대행위와 경계를 이루고 있다고 보아 정서적 학대행위를

처벌하는 것에 대해 그 의미의 모호성을 지적하는 견해들이 있는데, 아동복지법에서 신체적 학대와 정서적 학대, 그리고 유기와 방임행위를 동일한 법정형으로 처벌하도록 한 것을 고려할 때(제17조 제3호 내지 제6호, 제71조 제1항 제2호), 이 사건 법률조항에서 금지하는 정서적 학대행위는 적어도 신체적 학대행위나 유기 또는 방임행위와 동일한 정도의 피해를 아동에게 주는 행위이어야 할 것이므로 교육적 목적으로 이루어지는 정상적인 훈육과는 구별된다.

(마) 그렇다면 아동복지법의 입법목적과 기본이념, 장기간 지속될 경우 아동의 인격 발달에 치명적인 영향을 미칠 수 있는 정서적 학대행위의 특수성, 학대의 유형을 구별하되 신체적·정서적 학대행위와 유기 및 방임행위를 동일한 법정형으로 처벌하도록 규정한 아동복지법의 입법체계, 관련 판례 및 학계의 논의 등을 종합할 때, 이 사건 법률조항이 규정하는 "아동의 정신건강 및 발달에 해를 끼치는 정서적 학대행위"란, '아동이 사물을 느끼고 생각하여 판단하는 마음의 자세나 태도가 정상적으로 유지되고 성장하는 것을 저해하거나 이에 대하여 현저한 위험을 초래할 수 있는 행위로서, 아동의 신체에 손상을 주거나 유기 또는 방임하는 것과 같은

정도의 행위'를 의미한다고 볼 수 있다. 이러한 행위에는, 아동에 대한 악의적·부정적 태도에서 비롯된 것으로서, 폭언과 위협, 잠을 재우지 않는 행위, 벌거벗겨 내쫓는 행위, 억지로 음식을 먹게 하는 행위, 특정 아동을 차별하는 행위, 방안에 가두어 두는 행위, 아이를 오랜 시간 벌을 세우고 방치하는 행위, 찬물로 목욕시키고 밖에서 잠을 자게 하는 행위, 음란물이나 폭력물을 강제로 시청하게 하는 행위 등이 있을 것이다.

(바) 위와 같은 해석은 다소 추상적이고 광범위하게 보일 수 있으나, 이는 다양한 형태의 정서적 학대행위로부터 아동을 보호함으로써 아동의 건강과 행복, 안전과 복지를 보장하고자 하는 아동복지법 전체의 입법취지를 실현하고자 하는 것으로서, 어떠한 행위가 정서적 학대행위에 해당하는지에 관하여는 아동에게 가해진 유형력의 정도, 행위에 이르게 된 동기와 경위, 피해아동의 연령 및 건강상태, 가해자의 평소 성향이나 행위 당시의 태도, 행위의 반복성이나 기간 등에 비추어 법관의 해석과 조리에 의하여 구체화될 수 있다.

(사) 따라서 이 사건법률조항은 죄형법정주의의 명확성원칙

에 위배된다고 볼 수 없다.

다. 과잉금지원칙 위반 여부

(1) 책임과 형벌 간의 비례원칙

어떤 행위를 범죄로 규정하고 이를 어떻게 처벌할 것인가 하는 문제 즉, 범죄의 설정과 법정형의 종류 및 범위의 선택 문제는 그 범죄의 죄질과 보호법익에 대한 고려뿐만 아니라 우리의 역사와 문화, 입법 당시의 시대적 상황, 국민 일반의 가치관과 법감정 그리고 범죄 예방을 위한 형사 정책적 측면 등 여러 가지 요소를 종합적으로 고려하여 입법자가 결정할 사항으로서, 입법 재량 내지 형성의 자유가 인정되어야 할 분야이다(헌재 1995. 4. 20. 91헌바11; 헌재 2002. 10. 31. 99헌바40 등 참조).

다만 헌법은 국가 권력의 남용으로부터 국민의 기본권을 보호하려는 법치국가의 실현을 기본이념으로 하고 있고, 법치국가의 개념은 범죄에 대한 법정형을 정함에 있어 죄질과 그에 따른 행위자의 책임 사이에 적절한 비례 관계가 지켜질 것을 요구하는 실질적 법치국가의 이념을 포함하고 있으므로(헌재 1992. 4. 8. 90헌바24), 어떤 행위를 범죄로 규정하고 어

떠한 형벌을 과할 것인가 하는 데 대한 입법자의 입법 형성
권이 무제한한 것이 될 수는 없다. 형벌의 위협으로부터 인
간의 존엄과 가치를 존중하고 보호하여야 한다는 헌법 제10
조의 요구에 따라야 하고, 헌법 제37조 제2항이 규정하고 있
는 과잉입법금지의 정신에 따라 죄질과 책임에 상응하는 형
벌이 과하여질 수 있는 범위의 법정형을 설정하여 실질적 법
치국가의 원리를 구현하도록 하여야 한다(헌재 2003. 11. 27.
2002헌바24; 헌재 2010. 11. 25. 2009헌바27 등 참조).

(2) 이 사건에 대한 판단

(가) 아동복지법상 아동은 18세 미만인 사람으로서(제3조 제1
호) 학대행위에 스스로 저항할 수 있는 능력이 부족하고, 자
신에 대한 적대적·부정적인 태도에서 비롯된 말이나 행동에
쉽게 충격을 받는다. 특히 아동에 대한 정서적 학대는 낮은
자아존중감, 사회적 능력의 손상, 분노, 우울, 불안, 학업 능
력 저하 및 학교 부적응 등 아동의 행동적·정서적 부적응 문
제를 일으키는 주요 원인이 된다.

그럼에도 불구하고 아동학대의 현장에서 실제 처벌되거나 사
회적 관심을 받는 부분은 주로 아동의 신체에 직접적으로 행
하여지는 신체적·성적 학대행위이고, 정서적 학대의 심각성

에 대해서는 주목하지 않는 경우가 많다.

그러나 신체적·성적 학대와 달리 정서적 학대는 눈에 두드러지게 보이는 것도 아니고 당장 그 결과가 심각하게 나타나지 않기 때문에 그냥 지나칠 수도 있다는 점에서 위험성이 있으며, 정서적 학대행위가 오랫동안 지속될 경우 그로 인한 피해는 신체 손상에 비하여 상대적으로 치유가 어렵고 원상회복이 어려운 경우가 적지 않아 사실상 아동에 대해서 미치는 부정적인 영향은 신체적·성적 학대행위 못지않게 심각할 수 있다. 중앙아동보고전문기관의 통계 결과에 의하면, 2001년부터 2013년까지 신고된 아동학대 유형 중 신체적 학대나 성적 학대보다 정서적 학대의 발생 건수가 더 많고 규모가 커져가고 있음을 알 수 있는바, 아동에 대한 정서적 학대행위를 근절하기 위해서는 국가가 적극적으로 나서서 개입할 수밖에 없고, 형사처벌은 그 유용한 수단이 될 수 있다.

(나) 청구인들은 정서적 학대행위의 경우 행위자와 아동의 정서적 교감을 향상시킨다든가 심리적 치료를 우선해야 할 사안들이 대부분이므로, 형사처벌을 가하는 것은 제재방법으로서 부적절하고 지나치다고 주장한다.

살피건대, 아동학대가 심각한 사회문제로 대두되면서 2000.

1. 12. 아동복지법 개정을 통해 아동학대에 관한 형사처벌 규정이 신설되었으나, 학대행위가 가정 내부의 문제 또는 아동훈육의 문제로 취급되면서 국가의 개입이 소극적으로 이루어졌고, 학대행위자를 형사처벌하는 경우에도 대부분 피해아동의 부모나 보호자라는 이유로 '원가정보호'라는 목적하에 비교적 경미하게 처벌됨에 따라 아동학대가 근절되지 않고 있다. 이러한 상태에서 가해자에 대한 제재를 과태료 부과나 심리치료 등으로 대체하고 형사처벌을 아예 포기해 버린다면 아동학대의 예방과 근절이라는 이 사건 법률조항의 입법목적은 달성될 수 없을 것이다.

(다) 한편, 아동학대에 대한 소극적인 대처로 인해 최근 아동학대 사례가 계속하여 증가하고 끊임없이 사회적 문제를 일으키자 아동학대를 근절하기 위한 다양한 제도들이 등장하고 있다. 예컨대, 학대행위자의 처벌강화와 피해아동의 보호를 목적으로 2014. 1. 28. '아동학대범죄의 처벌 등에 관한 특례법'이 제정되어 2014. 9. 29.부터 시행되고 있으며, 보건복지부는 2015. 1. 27. 아동학대에 대한 처벌의 대폭 강화와 학대신고의 활성화, 어린이집 CCTV 설치 의무화, 우수한 보육교사 양성을 위한 자격관리 강화 등을 내용으로 한 '어립이집

아동학대 근절대책'을 발표하기에 이르렀다. 또한 2015. 5. 18. 영유아보육법을 개정하여 아동학대범죄를 저지른 자에 대한 어린이집 설치·운영 및 취업 결격기간을 늘리고(기존 10년에서 20년, 제16조 제5호 및 제6호), 보건복지부장관이 아동학대범죄로 처벌받은 어린이집 원장 및 보육교사의 자격을 정지할 수 있는 기간(기존 1년에서 2년, 제46조) 및 자격취소 후 재교부할 수 없는 기간(기존 10년에서 20년, 제48조 제2항 제2호)을 늘리는 등 제재 수위를 종전보다 강화하였다. 이러한 방법과 더불어 '아동학대범죄의 처벌 등에 관한 특례법'은 학대의 유형에 따라 가해자에게 심리적 치료를 병행하게 하거나 피해아동과 가해자 사이의 특수한 관계를 고려할 수 있도록 형사적 제재수단 외에 다양한 형태의 보호처분(재범예방에 필요한 수강명령 또는 아동학대 치료프로그램의 이수명령)과 친권을 제한하는 민사적 조치(제8조, 제9조) 등과 같은 방법도 강구하고 있다. 이러한 아동학대 근절대책들은 그동안 아동학대 문제를 미온적으로 대처해 온 것에 대한 반성적 고려에 기인한 것으로 보인다.

(라) 나아가 이 사건 법률조항은 징역형을 규정하면서 벌금형도 선택형으로 규정하고 있고, 법정형의 하한에 제한을 두지

않아 학대의 경위나 피해 정도 등을 고려하여 재량으로 집행유예나 선고유예를 선고할 수 있으므로, 지나치게 과중한 형벌을 규정하고 있다고 볼 수 없다(헌재 2010. 9. 30. 2009헌가17 참조).

(마) 그렇다면 이 사건 법률조항은 범죄의 죄질 및 행위자의 책임에 비하여 지나치게 가혹하다고 보기 어려우므로 과잉금지원칙에 위반된다고 할 수 없다.

결론

이 사건 법률조항은 헌법에 위반되지 아니하므로 관여 재판관 전원의 일치된 의견으로 주문과 같이 결정한다.

울산지방법원 2017. 8. 4. 선고 2017노542 판결 [아동학대범죄의처벌등에관한특례법위반(아동복지시설종사자등의아동학대)]

판결요지

[1] 아동복지법 제3조 제7호는 '아동학대'란 '보호자를 포함한 성인이 아동의 건강 또는 복지를 해치거나 정상적 발달을 저해할 수 있는 신체적·정신적·성적 폭력이나 가혹행위를 하는 것과 아동의 보호자가 아동을 유기하거나 방임하는 것'이라고 규정하고, 같은 법 제17조 제3호에서 '아동의 신체에 손상을 주거나 신체의 건강 및 발달을 해치는 신체적 학대행위'를 금지행위로서 규정하고 있다. 한편 형법상 학대죄는 단순히 상대방의 인격에 대한 반인륜적 침해만으로는 부족하고 적어도 유기에 준할 정도에 이르러야 한다고 해석되고 있으나, 형법상 학대죄는 생명, 신체를 보호법익으로 하여 보호 또는 감독을 받는 자를 보호대상으로 하는 데 반하여, 아동복지법은 아동의 건강과 복지를 보호법익으로 하고(아동복지법 제1조), 18세 미만인 사람만을 보호대상으로 하며(아동복지법 제3조 제1호), 아동의 경우 완전하고 조화로운 인격발달을 위하여 사회적으로 보호받을 필요성에서 성인에 비하여 보호가치가 크므로, 아동복지법상 학대의 개념은 형

법상 학대의 개념보다 넓게 해석하는 것이 타당하다.

위와 같은 아동복지법의 입법 목적, 일반적인 아동의 지적 수준과 신체발달 정도, 신체적 학대행위가 있었던 경우 그로 인하여 신체의 건강 및 발달이 저해되었는지를 정확히 확인하는 것은 현실적으로 쉽지 않은 점 등에 비추어 보면, 아동복지법 제17조 제3호에서 규정한 '아동의 신체에 손상을 주거나 신체의 건강 및 발달을 해치는 신체적 학대행위'에는 현실적으로 아동의 신체건강과 그 정상적인 발달을 저해한 경우뿐만 아니라 그러한 결과를 초래할 위험 또는 가능성이 발생한 경우도 포함되고, 위 죄의 범의는 반드시 아동학대의 목적이나 의도가 있어야 인정되는 것이 아니고, 아동의 신체건강 및 발달의 저해라는 결과를 발생시킬 가능성 또는 위험이 있는 행위 자체를 인식하거나 예견하고 이를 용인하면 족하다.

[2] 영유아보육법 관련 법령에 의하면, 보육은 영유아의 이익을 최우선적으로 고려하여 제공되어야 하고, 영유아가 안전하고 쾌적한 환경에서 건강하게 성장할 수 있도록 하는 것을 이념으로 삼고 있는 점(영유아보육법 제3조), 보육교직원은 영유아를 보육할 때 영유아에게 신체적 고통이나 고성·폭언 등의 정신적 고통을 가하여서는 아니 되고(영유아보육법 제18조의2), 교직원은 유아를

교육하거나 사무를 담당할 때에는 도구, 신체 등을 이용하여 유아의 신체에 고통을 가하여서는 아니 된다(유아교육법 제21조의2)고 규정하고 있는 점, 초·중등교육법에서 정한 아동청소년에 대한 교육과 달리 영유아의 경우 보육방법으로 징계 관련 규정을 전혀 두고 있지 않는 점 등에 비추어 보면, 보육교사는 원칙적으로 영유아에게 신체적·정신적 고통을 가하는 징계가 허용된다고 볼 수 없을 뿐만 아니라, 설령 경우에 따라 부득이하게 신체적 제재를 통한 보육이 필요한 경우가 있더라도, 영유아의 경우 초·중등학생에 비하여 신체적·정신적으로 미숙한 반면에 완전하고 조화로운 신체 및 인격 발달을 위하여 사회적으로 보호받을 필요성이 더욱 크므로, 위와 같은 보육방법의 허용범위는 매우 엄격하게 제한되어야 한다.

[3] 어린이집 보육교사인 피고인이, 보육아동인 갑(만 1세)이 수업에 집중하지 않거나 잠을 자지 않는다는 등의 이유로 갑의 팔을 움켜잡아 강하게 흔들고, 이마에 딱밤을 때리고, 색연필 뒷부분으로 볼을 찌르거나 손으로 볼을 꼬집고, 손으로 엉덩이를 때리거나 자신의 다리를 갑의 몸 위에 올려놓고 누르는 등으로 5회에 걸쳐 신체적 학대행위를 하였다고 하여 아동학대범죄의 처벌 등에 관한 특례법 위반(아동복지시설종사자등의아동학대)으로

기소된 사안에서, 갑은 보육교사의 강한 훈육이나 신체적 유형력을 통한 지도가 필요할 정도로 잘못된 행위를 하지 아니하였음에도 피고인은 갑을 훈육한다는 명목으로 몸을 세게 잡고 흔들거나 자리에 던지듯이 눕히거나 엉덩이를 때리는 등의 행위를 한 점 등 제반 사정을 종합하면, 피고인의 행위는 갑의 신체를 손상하거나 신체의 건강 및 발달을 해치는 신체적 학대행위에 해당하고, 피고인의 지위, 신체적 학대행위에 이르게 된 경위, 학대행위의 정도, 갑이 나름대로 아프다거나 싫다는 등의 의사를 표현한 점 등에 비추어 피고인에게 신체적 학대의 고의가 있었음을 충분히 인정할 수 있으며, 당시 갑에게 강한 훈육이나 신체적 유형력을 통한 지도가 필요한 상황이라고 보기 어려울뿐더러, 설령 갑이 잘못된 행위를 하여 적정한 훈육이 필요한 상황이었더라도 정당한 보육 내지 훈육행위로서 사회통념상 객관적 타당성을 갖추었다고 보기 어려우므로, 피고인의 행위는 관계 법령 등에 의한 정당행위에 해당하지 않는다고 한 사례.

헌법재판소 2023. 10. 26. 선고 2022헌마1119 전원재판부 결정

구성요건해당성에 대한 판단

⑴ 청구인이 방과 후 피해아동을 하교시키지 아니하고 남긴 후 14분간 교실 청소를 시킨 사실을 인정할 수 있는지 여부

청구인은 경찰 수사, 검찰 수사, 헌법소원심판 청구 시 자신은 2021. 4. 20. 피해아동에게 하교하지 말고 남아서 청소하라는 명시적인 지시를 하지 않았고, 피해아동은 빗자루를 들고 있었을 뿐 청소를 하지는 않았다고 일관되게 주장하고 있다. 다만 청구인은 경찰 수사 시 레드카드 제도는 자신과 학생들 사이의 약속이었기 때문에, 피해아동이 명시적인 지시 없이도 방과 후 교실에 남아있었을 것이라고 진술하였다.

반면 피해아동의 진술만으로는 2021. 4. 20. 피해아동이 청구인으로부터 하교하지 말고 남아서 청소하라는 명시적인 지시를 받았다는 사실을 인정하기 어렵다. 피해아동은 긴팔 옷을 입을 만큼 추운 계절에 같은 학급의 이○○를 괴롭혔다는 이유로 레드카드를 받았는데 이날 옆 학급 학생을 때렸다는 이유로 레드카드를 받은 문○○과 함께 교실청소를 했고, 이와 다른 날에 폐

트병을 가지고 소리를 냈다는 이유로 교실청소를 했다고 한다. 그런데 청구인은 피해아동이 문○○과 함께 교실에 남아있었던 날 페트병을 가지고 소리를 냈다는 이유로 피해아동에게 레드카드를 주었다고 한다. 피해아동은 레드카드를 3, 4회 정도 받았는데 레드카드를 받은 각 정황에 대하여 구분하여 진술하지 않았기 때문에, 페트병을 가지고 소리를 내었다는 이유로 레드카드를 받은 날이 2021. 4. 20.인지 여부는 명확하지 않다. 또한 피해아동은 2021. 4. 20. 청구인으로부터 어떠한 명시적인 지시를 받았는지에 관하여 진술하지 않았다.

이 사건 조치에 대한 취소소송에서 대법원이 원심판결 이유와 기록에 의하여 '청구인은 종전에도 레드카드에 이름표가 붙은 학생을 방과 후에 남겨 교실청소를 돕게 하였는데, 당일 레드카드를 받은 피해아동 외 1명의 학생에게 방과 후 빗자루로 교실 바닥을 약 14분간 쓸게 하였다'는 사실을 인정한 것에 미루어 볼 때, 방과 후 교실청소에 대한 청구인의 묵시적·명시적 지시가 있었을 가능성은 배제하기 어렵다. 그런데 문○○을 포함한 학생이나 학부모 등에 대한 조사가 이루어지지 않은 상황에서, 피해아동의 진술만으로 청구인이 하교하지 말고 남아서 청소를 하라는 명시적인 지시를 하였는지, 아니면 청구인과 학생들 사이의 레드카드 제도에 대한 약속이 매우 확고하여 청구인이 피해아동에게 레드카드를 주었다면 사실상 피해아동에게 당일 하교하지 말고 남아서 청소를 하라는 묵시적인 지시에 이르게 되는 것인지가 분명하지 않다. 따라서 이 사건 기록만으로 청구인이 2021. 4. 20. 피해아동을 하교시키지 아니하고 남긴 후 14분간 교실청소를 시킨 사실은 인정하기 어렵다.

(2) 청구인이 레드카드 옆에 피해아동의 이름표를 붙인 행위가 정서적 학대행위에 해당하는지 여부

(가) 정서적 학대행위의 의미 및 판단 기준

아동복지법의 입법 목적, 기본이념 및 관련 조항들의 내용 등을 종합하면, 아동복지법상 금지되는 정서적 학대행위란, 정신적 폭력이나 가혹행위로서 아동의 정신건강 또는 복지를 해치거나 정신건강의 정상적 발달을 저해할 정도 혹은 그러한 결과를 초래할 위험을 발생시킬 정도에 이르는 것을 말한다(대법원 2015. 12. 23. 선고 2015도13488 판결 참조).

다만 아동복지법에서 신체적 학대행위, 정서적 학대행위, 유기와 방임행위를 동일한 법정형으로 처벌하도록 한 것을 고려할 때, 정서적 학대행위는 적어도 신체적 학대행위나 유기 또는 방임행위와 동일한 정도의 피해를 아동에게 주는 행위

이어야 할 것이므로 교육적 목적으로 이루어지는 정상적인 훈육과는 구별되고, 아동에 대한 악의적·부정적 태도에서 비롯된 것으로서 폭언과 위협, 잠을 재우지 않는 행위, 벌거벗겨 내쫓는 행위, 억지로 음식을 먹게 하는 행위, 특정 아동을 차별하는 행위, 방 안에 가두어 두는 행위, 아이를 오랜 시간 벌을 세우고 방치하는 행위, 찬물로 목욕시키고 밖에서 잠을 자게 하는 행위, 음란물이나 폭력물을 강제로 시청하게 하는 행위 등이 해당될 수 있다(헌재 2015. 10. 21. 2014헌바266 참조). 어떠한 행위가 정서적 아동학대에 해당하는지 여부는 행위자와 피해아동의 관계, 행위 당시 행위자가 피해아동에게 보인 태도, 피해아동의 연령, 성별, 성향, 정신적 발달상태 및 건강상태, 행위에 대한 피해아동의 반응 및 행위를 전후로 한 피해아동의 상태 변화, 행위가 발생한 장소와 시기, 행위의 정도와 태양, 행위에 이르게 된 경위, 행위의 반복성이나 기간, 행위가 피해아동 정신건강의 정상적 발달에 미치는 영향 등을 종합적으로 고려하여 판단하여야 한다(대법원 2020. 3. 12. 선고 2017도5769 판결 참조).

(나) 이 사건에 대한 판단

　1) 행위 당시 청구인이 피해아동에게 보인 태도와 행위

의 정도 및 태양에 비추어볼 때, 청구인이 레드카드 옆에 피해아동의 이름표를 붙인 행위가 피해아동의 정신건강 또는 복지를 해치거나 정신건강의 정상적 발달을 저해할 정도 혹은 그러한 결과를 초래할 위험을 발생시킬 정도에 이르렀는지가 문제된다.

청구인은 피의자신문 당시 레드카드 제도는 청구인과 ○학년 ○반 학생들 사이의 약속이었다고 진술하였다. 전라북도교육행정심판위원회는 청구인이 학생들의 문제행동 교정을 위한 교육적 목적을 위해 레드카드를 주었고, 학생들에게 상대적으로 짧은 시간 방과 후 청소를 하게 하여 운영방식에 남용한 사정이 보이지 않는다는 등의 이유로, 청구인이 레드카드를 주는 것은 학교폭력에 해당하지 않는다고 판단하였다. 이상의 사정에 비추어보면, 청구인은 학생들 일반에 대하여 교육적 목적으로 이루어지는 정상적인 훈육의 일환으로 레드카드를 주었다고 볼 여지가 있다.

그런데 피해아동은 청구인으로부터 레드카드를 받는 것에 대하여 다른 학생들에 비하여 상대적으로 강한 거부감을 표출하였다. 이 사건 기록에 의하면, 피해아동에 대한 야경증, 외상 후 스트레스 장애 진단서에는 피해아동이 레드카드를 받고 난 후 수치심을 심하게 느꼈다고 기재되어 있는 사실, 전라북도아동보호전문기관장의 집단시설사례 조사결과 통보서에는 레드카드 사용으로 해당 학급의 아동들이 서로 고자질하는 분위기가 형성되었고 피해아동의 경우 레드카드 사용에 대한 강한 거부감을 보인다고 기재되어 있는 사실, 피해아동이 수사 당시 청구인이 자신에게 레드카드를 주었다는 이유로 청구인을 '나쁜 선생님' 혹은 '감옥에 가야 할 나쁜 사람'이라고 진술하였다는 사실이 인정된다. 이에 피해아동이 레드카드에 대하여 위와 같이 반응하게 된 것은, 청구인이 학생들 일반에 대한 교육활동을 했다기보다는 피해아동에 관한 악의적·부정적 태도에서 비롯된 폭언을 하였다거나 피해아동에 대한 차별을 하는 등 특별한 사정이 있었기 때문이 아니었는지 의문이 제기될 수 있다. 그런데 이 사건 기록상 피해아동의 반응을 유발한 청구인의 태도나 행위가 어떠하였는지는 구체적으로 드러나 있지 않다.

2) 나아가 피해아동 반응이나 상태 변화를 보더라도, 청구인이 레드카드 옆에 피해아동의 이름표를 붙인 행위가 피해아동의 정신건강 또는 복지를 해치거나 정신건강의

정상적 발달을 저해할 정도 혹은 그러한 결과를 초래할 위험을 발생시킬 정도에 이르렀는지가 문제된다.

이 사건 기록에 의하면, 피해아동은 2021. 4. 21.부터 불상일까지 등교를 거부하였고, 2021. 10. 29. 의사로부터 야경증, 외상 후 스트레스 장애를 진단받았다는 사실이 인정된다. 먼저 피해아동의 2021. 4. 21. 이후 결석에 관하여 살펴보면, 김○○은 이 사건 조치의 취소를 구하는 소송에서 피해아동이 2021. 4. 20. 담장에서 떨어져 늑골염좌 등의 진단을 받았고 그 회복을 위하여 부득이하게 결석하였다고 주장하였다[전주지방법원 2022. 5. 12. 선고 2021구합2664 판결, 광주고등법원(전주) 2023. 2. 15. 선고 2022누1550 판결 참조]. 다음으로 피해아동이 2021. 4. 20. 레드카드를 받은 때부터 2021. 10. 29. 의사로부터 야경증 등을 진단받았을 때까지의 사정에 관하여 살펴보면, 위 취소소송 계속 중 피해아동이 2021. 6. 같은 반 학생을 학교폭력으로 신고하였고, 이에 학교폭력 전담기구는 2021. 7. 2. 피해아동의 결석을 출석 인정 결석으로 정정하기로 결정하였으며, 피해아동이 학교폭력 피해 이후 재경험, 불안, 수면장애, 과다행동, 야뇨증, 수면보행 등의 증상을 겪고 있다는 사실이 인정되었다[전주지방법원 2022. 5. 12. 선고 2021구합2664 판결, 광주고등법원(전주) 2023. 2. 15. 선고 2022누1550 판결]. 이상의 사정을 종합하여 보면, 피해아동은 낙상사고, 학교폭력 피해 등 정신건강에 영향을 미칠 수 있는 다른 사건도 경험하였는바, 피해아동의 결석이나 야경증 등 진단이 레드카드로 인한 것인지, 아니면 다른 사건으로 인한 것인지를 단정하기 어렵다.

(3) 소결

피의사실이 정서적 학대행위에 해당한다고 인정하기 위해서는, ① 피해아동과 같은 날 레드카드를 받은 문○○을 포함한 학생이나 학부모 등에 대한 추가 조사를 통하여 청구인이 방과 후에 피해아동을 하교시키지 아니하고 남긴 후 14분간 교실청소를 하도록 지시한 사실이 있는지를 확정하고, ② 청구인이 피해아동에게 보인 태도, 행위의 정도 및 태양, 레드카드와 피해아동의 결석 또는 야경증, 외상 후 스트레스 장애 사이의 인과관계에 대한 추가 조사를 통하여 청구인이 레드카드 옆에 피해아동의 이름표를 붙인 행위가 피해아동의 정신건강 또는 복지를 해치거나 정신건강의 정상적 발달을 저해할 정도 혹은 그러한 결과를 초래할 위험을 발생시킬 정도에 이르는지 여부를 판단하여야 할 필요가 있다. 그러나 위와 같은 추가적인 사정에 대한 수사는 이루어지지 않았다. 따라서 이 사건 기록만으로는 피의사실이 합리적 의심의 여지 없이 증명되었다고 보기 어렵다. 그렇다면 이 사건 기소유예처분은 그 결정에 영향을 미친 중대한 수사미진의 잘못이 있는 자의적인 검찰권의 행사로서 청구인의 평등권과 행복추구권을 침해하였다.

결론

그렇다면 이 사건 심판청구는 이유 있으므로 이 사건 기소유예처분을 취소하기로 하여, 관여 재판관 전원의 일치된 의견으로 주문과 같이 결정한다.

대법원 2023. 9. 14. 선고 2023두37858 판결

이 사건 조치의 적법 여부

가. 헌법 제31조 제4항은 "교육의 자주성·전문성·정치적 중립성 및 대학의 자율성은 법률이 정하는 바에 의하여 보장된다."라고 규정하고 있다. 교육기본법, 교육공무원법, 「초·중등교육법」에 따르면, 학교교육에서 교원의 전문성과 교권은 존중되어야 하고, 교원은 그 전문적 지위나 신분에 영향을 미치는 부당한 간섭을 받지 아니하며(교육기본법 제14조 제1항, 교육공무원법 제43조 제1항), 교사가 되기 위해서는 법률이 정한 자격을 갖추어야 한다(「초·중등교육법」제21조 제2항). 따라서 적법한 자격을 갖춘 교사가 전문적이고 광범위한 재량이 존재하는 영역인 학생에 대한 교육 과정에서 한 판단과 교육활동은 특별한 사정이 없는 한 존중되어야 하며, 국가, 지방자치단체, 그 밖의 공공단체나 학생 또는 그 보호자 등이 이를 침해하거나 부당하게 간섭하여서는 아니 된다.

한편 모든 국민은 그 보호하는 자녀에게 적어도 초등교육과 법률이 정하는 교육을 받게 할 의무를 진다(헌법 제31조 제2항). 그리고 부모 등 보호자는 보호하는 자녀 또는 아동이 바른 인성을

가지고 건강하게 성장하도록 교육할 권리와 책임을 가지며, 보호하는 자녀 또는 아동의 교육에 관하여 학교에 의견을 제시할 수 있고, 학교는 그 의견을 존중하여야 한다(교육기본법 제13조). 이처럼 부모 등 보호자는 보호하는 자녀 또는 아동의 교육에 관하여 의견을 제시할 수 있으나, 이러한 의견 제시도 앞서 본 것과 같이 교원의 전문성과 교권을 존중하는 방식으로 이루어져야 하며, 교원의 정당한 교육활동에 대하여 반복적으로 부당하게 간섭하는 행위는 허용되지 않는다[교원지위법 제15조 제1항 제4호,「교육활동 침해행위 및 조치 기준에 관한 고시」(교육부고시 제2019-203호, 2019. 11. 5. 시행, 이하 '이 사건 고시'라고 한다) 제2조 제3호].

나. 원심은, 이 사건 조치를 결정한 이 사건 학교 교권보호위원회가 담임교사 측의 일방적인 진술에만 의존하여 공정성이나 형평성에 대한 고려가 부족하고, 원고가 주장하는 D의 결석 사유를 상당 부분 수긍할 수 있고 원고가 담임교사의 교체를 일방적으로 주장하며 등교를 거부시킨 것으로 보이지 않으며, 담임교체 요구에 관한 다른 학부모들의 공감대가 형성되어 있었고, C가 작성한 사건경위서의 신빙성이 높지 않으며, 원고의 간섭대상 행위인 레드카드 벌점제는 교사가 훈육에 따르지 않는 아동

의 이름을 공개하여 창피를 줌으로써 따돌림의 가능성을 열어주고, 나아가 강제로 청소 노동까지 부과한 것이어서 아동의 인간적 존엄성에 대한 침해행위임이 분명하여 정당한 교육활동에 해당한다고 볼 수 없다는 이유로, 원고의 행위들이 교육활동 침해행위인 '반복적 부당한 간섭'에 해당한다고 인정되지 않아 처분사유가 존재하지 않는다고 판단하였다.

다. 그러나 원심의 이러한 판단은 수긍하기 어렵다. 그 구체적인 이유는 다음과 같다.

1) 원심은 이 사건 조치의 결정 주체가 이 사건 학교 교권보호위원회라는 전제하에, 위 위원회의 판단 과정에서 원고의 진술이나 의견을 완전히 배제하고 담임교사 측의 일방적 진술에만 의존하여 공정성이나 형평성에 대한 고려가 부족하다고 보았다. 그러나 교원지위법 제15조 제1항에 의하면 교육활동 침해행위인지 여부를 판단하여 필요한 보호조치를 하여야 하는 주체는 각급학교의 장이며, 각급학교의 교권보호위원회는 심의기구에 불과하므로, 학교규칙으로 보호조치의 시행을 교권보호위원회의 심의사항으로 정하였다 하더라도 그 결정에 구속력은 없다. 이 사건 조치는 피고가 이 사건 학교의 장으로서 행한 것이고, 앞서 본 것처럼 원고는

이 사건 조치 이전에 피고에게 면담, 전화통화 또는 의견서 제출 등을 통해 자신의 의견을 충분히 밝혔으며, 피고는 이러한 사정을 종합하여 이 사건 조치를 하였다.

2) 원심은 원고의 간섭대상 행위가 레드카드 벌점제라고 보았다. 그러나 이 사건 조치의 발령경위 등 앞서 본 사정을 종합하면, 원고가 레드카드 제도의 시정을 요구하였음에도 받아들여지지 않자 담임교체를 요구한 것이 아니다. 원고는 D이 방과 후 청소를 한 2021. 4. 20. 당일부터 C가 병가를 낸 2021. 5. 18. 또는 이 사건 조치 시까지 C와 대화가 통하지 않는다는 이유 등으로 줄곧 담임교체만을 요구하였다. 따라서 원고의 간섭대상 행위는 C의 교육활동 중 일부인 '레드카드 제도'가 아니라 '이 사건 학급 담임교사로서의 직무수행 전체'이다. C는 법률상 자격이 있는 초등학교 교사로서 피고의 정당한 인사발령에 따라 이 사건 학급 담임교사로서 직무를 수행하고 있었는바, 원고가 간섭한 C의 이러한 직무수행은 정당한 교육활동에 해당한다.

3) 앞서 본 것처럼 부모 등 보호자는 보호하는 자녀 또는 아동의 교육에 관하여 학교에 의견을 제시할 수 있으며 학교

는 그 의견을 존중하여야 하는바, 학급을 담당한 교원의 교육방법이 부적절하여 교체를 희망한다는 의견도 부모가 인사권자인 교장 등에게 제시할 수 있는 의견에 해당한다고 볼 수 있다. 그러나 학기 중에 담임에서 배제되는 것은 해당 교사의 명예를 크게 실추시키고 인사상으로도 불이익한 처분이며, 학교장에게는 학기 중에 담임 보직인사를 다시 하는 부담이 발생하고, 해당 학급의 학생들에게는 담임교사의 변경으로 인한 혼란이 발생할 수 있으므로, 설령 해당 담임교사의 교육방법에 문제가 있다 하더라도 교육방법의 변경 등으로 문제가 해결될 수 있다면 먼저 그 방안을 시도하는 것이 바람직하다. 따라서 학부모가 정당한 사유 및 절차에 따르지 아니한 채 반복적으로 담임교체를 요구하는 것은, 위와 같은 해결방안이 불가능하거나 이를 시도하였음에도 문제가 해결되지 않았고, 그러한 문제로 인해 담임교사로서 온전한 직무수행을 기대할 수 없는 비상적인 상황에 한하여 보충적으로만 허용된다고 보는 것이 타당하다.

4) 원고는 앞서 본 것처럼 2021. 4. 20. 당일부터 이 사건 조치시까지 피고와 교감에게 반복적으로 담임교체를 요구하였다. 그 과정에서 D은 학교에 결석하였고, 원고가 이 사건

소송과정에서 주장한 D의 결석사유를 당시 피고 등에게 알렸음을 인정할 자료가 없다. D의 결석과 출석은 원고의 담임교체 요구, C의 병가, 피고와의 면담 및 모니터링 실시 약속 등과 시기적으로 연결되어 있다. 피고와 교감 작성의 각 사실확인서 기재에 의하면 원고가 먼저 C에게 장기간의 병가를 제안한 것으로 보인다. 원고의 주장에 의하더라도 원고가 2021. 5. 17. 면담 시 피고에게 D을 지켜달라고 요구하여 피고가 C의 수업을 모니터링하겠다고 한 것으로 보이고, 그와 같은 약속은 피고가 D의 결석이 장기화되는 것을 막기 위해서였던 것으로 보인다. 원고가 면담 후 피고에게 보낸 문자에서 약속 이행을 요구한 모니터링 방식, 즉 휴식시간 10분을 제외하고 D의 등교부터 하교까지 모니터링하는 것은 C의 담임교사로서의 자율성을 심각하게 침해하는 방식이다. C는 2021. 5. 17. 면담 시 원고에게 목소리 톤을 낮추고 잘못된 것을 수정하겠다고 약속하였으나, 원고는 다음날 다시 담임교체를 요구하였다. 이상에서 보는 것과 같이 원고는 상당한 기간 동안 반복하여 담임교체만을 요구하였고, 그 과정에서 C의 개선 노력 제안을 거부하며 부적절한 말과 행동을 하였다.

라. 그런데도 원심은 판시와 같은 이유만으로 원고의 행위들이 교육활동 침해행위인 '반복적 부당한 간섭'에 해당한다고 인정되지 않아 처분사유가 존재하지 않는다고 판단하였다. 원심의 이러한 판단에는 교원지위법 제15조 제1항 제4호, 이 사건 고시 제2조 제3호에 따른 보호조치의 주체, 절차, '정당한 교육활동'과 '반복적 부당한 간섭'의 의미에 관한 법리 등을 오해하고, 필요한 심리를 다하지 아니하여 판결에 영향을 미친 잘못이 있다. 이를 지적하는 피고의 상고이유 주장은 이유 있다.

결론

그러므로 원심판결을 파기하고, 사건을 다시 심리·판단하도록 원심법원에 환송하기로 하여, 관여 대법관의 일치된 의견으로 주문과 같이 판결한다.

학교는 망했습니다

초판 1쇄 인쇄 2023년 12월 21일
초판 1쇄 발행 2024년 01월 05일
지은이 박상수

펴낸이 김양수
책임편집 이정은
교정교열 연유나

펴낸곳 도서출판 맑은샘
출판등록 제2012-000035
주소 경기도 고양시 일산서구 중앙로 1456 서현프라자 604호
전화 031) 906-5006
팩스 031) 906-5079
홈페이지 www.booksam.kr
블로그 http://blog.naver.com/okbook1234
페이스북 facebook.com/booksam.kr
이메일 okbook1234@naver.com

ISBN 979-11-5778-628-2 (03330)

맑은샘, 휴앤스토리 브랜드와 함께하는 출판사입니다.